# 国家级非物质文化遗产

# 代表性传承人

# 抢救性记录十讲

国家图书馆中国记忆项目中心 编

中国非物质

CHINA INTANGIBLE CU

国家圖書館出版社

National Library of China Publishing House

**图书在版编目（CIP）数据**

国家级非物质文化遗产代表性传承人抢救性记录十讲／
国家图书馆中国记忆项目中心编. --北京：国家图书馆出版
社，2017.6

ISBN 978－7－5013－6072－7

Ⅰ.①国⋯ Ⅱ.①国⋯ Ⅲ.①非物质文化遗产－保护
－概况－中国 Ⅳ.①G122

中国版本图书馆 CIP 数据核字（2017）第 070603 号


| 书　　名 | 国家级非物质文化遗产代表性传承人抢救性记录十讲 |
| 著　　者 | 国家图书馆中国记忆项目中心编 |
| 责任编辑 | 许海燕 |

| 出　　版 | 国家图书馆出版社（100034　北京市西城区文津街 7 号） |
| | （原书目文献出版社　北京图书馆出版社） |
| 发　　行 | 010－66114536　66126153　66151313　66175620 |
| | 66121706（传真）　66126156（门市部） |
| E-mail | nlcpress@ nlc. cn（邮购） |
| Website | www. nlcpress. com→投稿中心 |
| 经　　销 | 新华书店 |
| 印　　装 | 河北三河弘翰印务有限公司 |
| 版　　次 | 2017 年 6 月第 1 版　2017 年 6 月第 1 次印刷 |

| 开　　本 | 710×1000（毫米）　1/16 |
| 印　　张 | 10 |
| 字　　数 | 180 千字 |

| 书　　号 | ISBN 978－7－5013－6072－7 |
| 定　　价 | 48.00 元 |

审　校：全根先　史建桥

统　筹：满鹏辉　韩　尉

编　辑：全根先　杨宵宵　谢忠军　李东晔

　　　　满鹏辉　刘东亮　张雯影　耿晓迪

# 出版说明

　　传承人是非物质文化遗产的重要承载者和传递者，是非物质文化遗产活态传承的关键。近年来，为加强传承人保护、促进非遗活态传承，文化部采取了多项措施，包括先后认定了 4 批共 1986 名国家级代表性传承人，彰显了传承人的社会地位；每年发放专门的传习活动补贴，解决传承人面临的现实困难；联合教育部实施中国非物质文化遗产传承人群研修研习培训计划，帮助传承人群提高传承能力，传承队伍日益壮大，传承活力日益增强。同时，不容忽视的是，由于年老体弱等原因，国家级代表性传承人去世人数不断增加，在世人员也多年事已高，截至 2015 年底，已有近 300 名国家级代表性传承人去世，在世传承人中 70 周岁以上的占到 56%，开展代表性传承人的抢救性记录工作刻不容缓。对传承人开展抢救性记录，将传承人对文化传统的深刻理解与自身掌握的精湛技艺，通过数字化多媒体手段全面、真实、系统地记录下来，保留下中华优秀传统文化基因，为后人传承、研究、宣传、利用非物质文化遗产留下宝贵资料，对于继承和弘扬中华民族优秀传统文化、构建中华民族优秀传统文化传承体系，具有重要意义。

　　2013 年起，文化部选取 31 个项目的 50 位代表性传承人开展了抢救性记录试点工作。在试点基础上，2015 年 4 月，文化部印发了《关于开展国家级非物质文化遗产代表性传承人抢救性记录工作的通知》（文非遗函〔2015〕318 号），同时下发了《国家级非物质文化遗产代表性传承人抢救性记录工作规范（试行稿）》，全面启动国家级代表性传承人抢救性记录工作。2016 年，结合《工作规范》下发一年来各地在执行中所遇到的困难和出现的问题，文化部非物质文化遗产司委托国家图书馆中国记忆项目中心起草了《国家级非物质文化遗产代表性传承人抢救性记录操作指南》。

截至 2017 年，文化部通过中央财政累计安排专项资金对 839 名国家级代表性传承人实施抢救性记录。2017 年 5 月，国家级代表性传承人的抢救性记录工作作为"专栏 18 文化遗产保护工程"中的一项重要任务，被正式列入《国家"十三五"时期文化发展改革规划纲要》。同月，在文化部召开的全国非物质文化遗产保护工作会议上，项兆伦副部长对深入做好抢救性记录工作提出了具体的要求：提高记录方法的学术性，提高记录质量和效率。要确保记录一个，成功一个。

2016 年 8 月 29 日至 9 月 2 日，文化部非遗司在国家图书馆举办了国家级非物质文化遗产代表性传承人抢救性记录工作培训班。此次培训班从抢救性记录工作的实际出发，引入口述史学、影像人类学、社会学、艺术学、信息管理学、传播学等多学科视角，邀请了 10 位上述学科的国内一流专家学者授课。这些专家学者在培训中所讲授内容不仅对我国非物质文化遗产保护的实践工作具有直接的指导意义，而且对非物质文化遗产相关口述史料、影音文献的采集工作具有重要的参考价值。

为了更好地落实国家"十三五"文化发展改革规划，贯彻全国非遗保护工作会议精神，充分利用此次培训班的成果，进一步提高抢救性记录工作的质量和水平，文化部非物质文化遗产司委托国家图书馆中国记忆项目中心以 10 位授课专家学者的讲稿为基础，编辑出版《国家级非物质文化遗产代表性传承人抢救性记录十讲》，希望能对全国各地正在开展抢救性记录的非遗工作者们有所启发和帮助。

# 目　　录

**刘魁立**

# 关于传承人抢救性记录问题

刘魁立（1934—），中国社会科学院荣誉学部委员、国家非物质文化遗产保护专家委员会副主任、亚洲（中日韩三国）民间叙事文学学会（AFNS）荣誉会长、中国民俗学会荣誉会长、俄罗斯科学院《传统文化》杂志编委。1953年毕业于哈尔滨外国语学院。1961年毕业于莫斯科大学俄罗斯语言文学系研究生院，获语文学副博士学位。曾任黑龙江大学中文系副教授，中国社会科学院文学研究所民间文学研究室主任、研究员，民族文学研究所所长、学术委员会主任，《民族文学研究》主编，中国民俗学会首任秘书长、副会长、会长，北京师范大学中文系客座教授，民俗、文字、典籍研究中心学术委员会主任等职。主要成果有：《刘魁立民俗学论集》（上海文艺出版社，1998年）、《中国节典——四大传统节日》（安徽教育出版社，2008年）、《民间叙事的生命树》（中国社会出版社，2010年）等。

尊敬的各位先生，各位同行，大家在非遗保护这个领域里工作有一些时日了，都很辛苦，但是就我个人的发现，每一个参与这项工作的人都怀着极大的热情，而且是心甘情愿为这件事情贡献自己的精力、贡献自己的才智。因为这是一项非常了不起的工作，它不仅对我们自己、对我们的家乡、对我们整个民族有那么多的好处，同时对整个人类，包括其他民族、其他国家，也都有非常重要的意义。因为这项工作不仅仅涉及今天，同时也涉及明天、涉及我们子孙后代的福祉，所以这项工作的意义是非常重要的。这和我们要给子孙留下晴朗的天空一样，我们要在他们的心里种下那么丰富、那么宝贵的文化遗产的种子，而这个种子越往后越能显示出自己的生命力。

今天要跟各位交流的有四个问题。

第一，为什么要提出来这样一个问题：要保护非物质文化遗产。过去没这么做，日子不也过得挺好嘛？

第二，过去我们做了很多所谓文物保护、自然保护等等，我们也受益很多。现在提出来非物质文化遗产的保护，它有那么重要吗？它到底和物质文化遗产有什么关系？

第三，非物质文化遗产到底是靠谁传承的？说说传承人的问题。

第四，抢救性记录工程这件事，我们怎样才能做好？

首先谈一谈非物质文化遗产保护传承问题的提出。从广义上来说，文化是人类所创造的一切物质产品和精神产品的总和。那些被人类创造或者是改造过的、满足人们某种需求的，或者是表达某种意图的东西，通常被称为物质文化。无论是我们的技艺、智慧，我们的观念表达，还是各种各样的关于自然和社会的认识和实践的表现形式，包括艺术表现形式，这些都和物质有关，但是又不是物质本身。非物质文化遗产就是指人类创造的不以物质为载体形式呈现的成果。当然它也是文化成果。人生下来不单单靠物质而生活，更重要的是靠非物质文化遗产的习得和传承才能不断成长，才能成其为人。从学说话、学走路、学道理、学知识、掌握技艺，一天天、一年年我们都在和非物质文化打交道。

　　长期以来，人们对文化的认识就存在着很大的偏差。人们常常特别关注文化的物质层面，轻视物质中所蕴含的思想、精神，以及整个非物质文化的重要意义和价值。大概我们都有一点拜物倾向，长此以往说不定就会沦为"拜物教"的俘虏。另外，以往关注非物质文化遗产的时候又特别关注精英文化。比方说我们知道那些大思想家、大艺术家所做出来的成就，对蕴藏在老百姓中间那些最普遍、最常用、最基础的非物质文化反倒视而不见。

　　那么为什么一定要分析我们所习惯的生活方式，并提出保护和传承的问题呢？因为那种忽视或漠视非物质文化层面而只重视物质文化的偏见，容易造成文化的民族性和它深厚历史底蕴的丧失，使文化逐渐趋同。如果我们不尊重自己的传统，看见什么就去崇拜、膜拜，在其他文化面前自我贬低，我们就不会有自身的文化创造力和文化生命力。

　　长期以来，发展中国家和地区的传统文化优秀成果一直很少被纳入整个人类发展的主流历程当中。比如说，谈到法国、英国、德国、意大利、俄罗斯，我们能数出一大批文化名人和文化成果，但是谈到发展中国家和民族，我们知不知道他们的文化创造和文化贡献呢？比如说墨西哥、阿根廷，实际上我们现在都不知道它们对人类有什么特别的贡献，更不用说其他。究其原因，是那些发达国家一直在积极和强力地推行自己的文化，贬低和否认亚非拉国家的民族和文化贡献。所以当前大多数发展中国家保护和发展本民族传统文化举步维艰，这就影响了他们的国家形象和民族心理，使得他们民族平等和民族自豪的心理基础变得越来越弱。

　　联合国教科文组织 1972 年就通过了《保护世界文化和自然遗产公约》，连联合国教科文组织这些专家们也都是在 30 年之后才猛醒，2003 年才通过《保护非物质文化遗产公约》，当然这个历程中他们做了非常多的努力。非物质文化遗产保护问题的提出，不仅对中国文化建设有重要意义，对世界各民族参与推进人类文化的发展进程，对整个人类文化多样性发展也有重大意义。这一点随着科技的进步，随着整个社会的发展，它的必要性会越来越明显。

　　非物质文化和物质文化究竟有什么区别？有时候我看非遗展览有一种感觉，名字上好像是非物质文化遗产，但是，非物质文化遗产的内容在里边表现得很弱。严格地说，这些展览真正能体现非物质文化遗产的部分并不多。比如说我们看到年画展览、刺绣展，会觉得它们非常好。可是我们仅仅是看见了作品，而作品背后的非物质文化内涵，只有靠我们自己想象，才能领会它有多好，它有多了不起，我们并没有在这里直接地把握它的智慧和技艺。偶尔，我们会看到有几个传承人在现场制作，但是整个流程还是不知道。我们也不知道他们心里在想什么，画的那个纹样代表着什么，对于他来说有什么价值、有什么意义。所以每一次我都觉得，大家费了非常多的心血来做展览，做得也非常好，从宣传和使大家提高认识的角度说非常重要。但是要以非物质文化遗产来要求的话，这些展览多多少少地离非物质文化遗产有点远，没有把"物"和"非物"之间的关系厘清。有时候我们仍然以"物"来替代"非物"，而且常常觉得那个"物"是可以取代"非物"的。在历史上，我们大概就是这样过来的，所以对这样一件事情已经熟视无睹，已经习惯了，觉得这就是常理。我们现在要做抢救性记录的时候，这个问题就特别突出了。

以年画为例，现在的年画已经变成收藏品。随着时代的演进和环境的变化，"物"和"非物"在性质上、结构上、功能上、形态上和价值判断上各方面都发生了很大变化。有时候我们会误认为物化的结果就是非物质文化遗产，所以在保护和传承非物质文化遗产中会出现一些尴尬的局面。常常听人说喝这个酒，或者是吃这个食品，同时介绍说这个是非物质文化遗产。实际上这离非物质文化遗产远着呢。所以在工作中一定要严格区分非物质同它的物质呈现，不能只看到物质的成果，忽视了非物质的内涵和过程。我们需要分辨一下到底物质文化和非物质文化有什么区别。

首先，非物质文化的第一个特点是共享性。每一个具体的物质文化对象都是不能同时被不同的主体所共享的，而非物质文化对象则可以共享。什么意思？比如在宴会上，我们常常说共饮一杯酒，其实是不能共饮的。哪怕我们就用同一个杯子喝，也是你喝你那口，我喝我这口，你喝了我就没有。因为物质在一定的时间、空间里，它是唯一性的。当一个人占有了之后，其他人就占有不了。我们说促膝谈心，同席而坐，不可能同席的，你坐的那个地方你占有了，别人就坐不下了。所以共享性不应该也不会导致文化的趋同。共享的目的不在于盲目地追随他人，从而贬低、否定甚至是抛弃自我，成为他种文化的俘虏，而在于广泛地吸纳、借鉴其他民族所创造的人类文化的精华，以丰富和建设自己的民族文化，以增强每个民族文化的生命力和创造力，从而使整个人类发展能够有更好的前景。

每一个民族都会为世界做出自己的文化贡献。过去我们所说的四大发明，并不是把自己的纸张用输出的办法送给人家，而是把造纸的技术教给了整个人类，所以整个世界都会造纸了。再比如说，把木炭经过某种办法进行处理，它可以变成炸药，我们叫作黑色炸药。我们发明了之后做成了炮仗，这种办法别人也学去了。还有其他的，比如说罗盘，比如说我们的水密隔舱①。过去单体的舢板船只要是漏一个洞，哪怕很小的洞，这条船也要沉底了，不能再航行了。但是中国人非常聪明，把底板做成双层的，中间隔开若干个小的舱体，即使其中一个舱体漏了水，水也只会在那一个小小的舱体里存着，整个浮力仍然存在，船还可以继续航行。当年郑和下西洋就是用这样的大船，不然那么远的距离，一旦出了事就没办法继续前行。这种水密隔舱的制造方法别人也学去了。

图 1　水密隔舱福船制造技艺

现在大家常说别人偷了我们的技术，实际上偷的是非物质文化。所以这种共享性是非物质文化遗产所独有的。这种共享性的特点使它成为联系和沟通不同民族的纽带和桥梁，是不同民族加强交流和合作的广阔天地，是构建和谐世界的一个重要因素。所以中华文化能被别人欣赏、被别人学，对于我们来说应该是值得自豪的事情。

实际上，我们不是也学习外国很多东西嘛，这样世界才会变得五彩缤纷，才会有所谓文化发展的多样性。不然的话多枯燥，不可能设想一个民族从石刀、石斧开始一直到今天发明计算机。所以人类总是在不停地互相学习、互相借鉴。学习和借鉴的东西是什么？就是非物质文化遗产。共享性就是它的一个非常重要的特点。

––––––––––––––––––

① 水密隔舱福船制造技艺是福建省的汉族传统手工技艺，2008 年列入《第二批国家级非物质文化遗产名录》。2010 年，被联合国教科文组织保护非物质文化遗产政府间委员会列入《急需保护的非物质文化遗产名录》。

每个民族都把自己的传统文化当作鼓舞自己的精神力量，以提高自己的民族自信心和自豪感，但是不应该因此贬低和否定其他民族的文化，甚至荒谬地以此评定民族的优劣。所以不可以说，他的发明多，他就优秀。有一个俄罗斯人叫普洛普①，他创建了一种研究方法，叫形态学。美国人说他这个方法很了不起，可是他一个俄国人怎么可以发明出来呢？原来这个人身上有日耳曼的血统。美国人这样说，一下子把整个民族否定了。过去我们中国人也常常被别人这样否定。所以，文化的共享性不是一种文化去倾轧另一种文化，非物质文化遗产不应该也不可能隔绝不同民族，造成文化壁垒。

同这种共享性相关联的一个重要的基本理念是文化的多样性发展。显然，共享性对于全人类文化发展的多样性会提供很大的助力。联合国教科文组织之所以提出来发布代表作名录、强调这样一件事情，就在于要借助这种文化规律，为人类社会寻求一个超越物质独占、消弭由之而造成的人与人、社会与社会之间的纷争，并能推进整个人类文化的繁荣发展。因此针对非物质文化遗产的保护，就需要有民族的视角，同时也要有人类的视角，只有这样，才能够真正地把这项工作的重大意义强调出来。

第二个特点是非物质文化的活态性。非物质文化是一个生命体，它在不断地发展着、不断地演变着，始终处在变化的过程中，它生命的活力就在这个演进当中。它的每一次呈现都是那个发展链条中的一个环节而已。所以，大家将来在记录过程中间，一定要考虑它是一个生命体，一定要注意它的生命性和活态性、动态性。如果它不因为不再适应社会的需求而被历史所搁置、所舍弃，如果它不像闪亮一时的流星陨灭在长空，成为历史的尘埃，那么它就会在运动中间获得长久的生命。我们的任何一个节日都是如此，都在不断地丰富着自己的生命体。

我们的端午节，一开始其意义可能就是提醒我们在阴阳交接的过程中，需要做一些防范。农历五月，阳气发展到尽头，阴气萌生。那个时候我们需要挂艾蒿，喝雄黄酒，用朱砂给孩子们点一个红痣，戴五彩线，防五毒，等等。我

---

① 弗拉基米尔·雅可夫列维奇·普洛普（Владимир Яковлевич Пропп，1895—1970），俄罗斯语言学家、民俗学家、民间文艺学家、艺术理论家，苏联民间创作问题研究的杰出代表。普洛普著作等身，在结构主义艺术形式分析方面成就斐然，享有世界声誉。他于1928年出版的《故事形态学》一书，在研究方法上与形式主义有相通之处，影响远远超越了民间故事研究领域，成为人文学科众多分支的经典。

们做这些事情，就是为了顺利地度过这种所谓的过渡。后来有了屈原的传说，有了曹娥的传说，又有了龙舟赛，等等，越来越丰富。今天我们过的端午节是不是原来的端午节？当然是，可是它是不断地发展着。

现在过年我们仍然是一定要回家。为什么？敬老。现在和过去有了很大区别。过去我们要接神的，现在大家很少要出门接神了。我在小的时候接过多次。那是在一个非常冷的小城市，家里所有的门打开，摆一张空椅子，请神坐在那里，孩子们也不许在后面跑来跑去，这个时候才吃团圆饭。我们要把祖先请来家里，要给父亲、母亲磕头，亲善和谐家庭关系，让所有的力量聚会起来度过年关，使新的一年能够有新的气象。现在这个年还是不是年呢？当然还是那个年。所以它是在随着时代的发展、人的观念的发展、人的生活的发展，不断地在前进着，它是一个动态的生命体。

第三，物质文化一旦被人创造出来之后，就会脱离人而独立存在，而非物质文化则以人为载体，以人为主体，以人的观念、知识、技能、行为作为它的表现形态。这些特点对于我们认识作为非物质文化一部分的非物质文化遗产同样具有重要的意义。所以现在我们提非物质文化遗产保护的时候，首先要把传承人这个关键的环节抓住。

既然非物质文化遗产的核心，它的载体、它的主体是人，是非物质文化遗产代表性传承人，以及他所代表的传承群体，我们应该怎么来看待他们呢？可以这样说，非物质文化遗产保护的关键是对传承人的保护，关心传承人的核心就在于对其传承活动的关注和保护。我们虽然也有许多尊师的古训，但是很少与保护、尊重民间文化的传承人，与他们的传承活动联系起来，他们的功业往往淹没在历史的长河里。在非物质文化遗产保护各项工作以及所涉及的各个门类中，没有任何一项不是以传承人作为承担者，以传承人作为历史传统的代表者和传递者的。

过去是不是完全没有注意？不是的，偶尔在一些场合也注意过。南京内城南门的墙垛子上要开一个通道，人们便拆了一段城墙，发现有些明代砖刻有铭文，在一块砖上刻着三行字。第一行"招甲席俊翁甲首方朝张"，大概他们姓席、姓方。"窑匠卢立"，窑匠姓卢，叫卢立。"造砖夫广福寺"，大概是广福寺的和尚造的。这一段实际上是记录了责任人和连带责任人，招甲、甲首的名字刻在这里。还有造砖的和烧窑的，先是由广福寺的和尚们把砖坯造好，交给看窑姓卢的这位传承人请他来烧。

秦始皇兵马俑的衣摆处，如果仔细看的话，有的地方刻有人名。大概还不只一个，几个兵马俑身上都写着谁造的。当年造兵马俑时，谁在那里？是吕不韦监工。吕不韦在《吕氏春秋》里有这么一段话来解释这件事情。他说："物勒工名，以考其诚。"东西要刻上制作者的名字，看看他是不是全心全意做的，是不是尽心尽意做得很好。就是一旦出现了问题，"必行其罪，以究其情"。这些传承人的名字留到今天是我们的幸运，但在当时不过是追责的一种记录。

过去对于传承人偶尔有所提及，多数情况不是这样。司母戊大鼎是谁造的？不知道。比方说那些非常有名的古琴，到现在还留着的，是谁造的？不知道。前些时候总理到日本去，田青先生陪同。晚会上田青先生请大家听一首用古琴演奏的曲子，并说唐代鉴真和尚去日本时琴已经造出。大家一听，肃然起敬。当用唐代古琴弹奏琴曲的时候，现场鸦雀无声，大家都怀着一种特别敬畏的心情听这首古乐曲。那张古琴，我们不知道是谁造的；司母戊大鼎我们也不知道是谁造的。在这样的情况下，强调传承人当然就非常重要了。我们今天强调传承人不是为了追责，而是彰显他们的创造精神，彰显他们对民族的贡献，对他们为民族贡献智慧的精神给予表彰。

关注传承人的意义何在呢？

第一，彰显了传统文化、民族文化的积极意义。在推进文化历史发展中，传承人曾经发挥过、而且正在发挥特别重要的作用。民众是文化的创造者，应该句他们表示我们最崇高的敬意。

第二，非物质文化遗产保护为传承人和广大民众的地位正名。过去我们觉得这些人没有知识、没有文化，创造文化的是那些杰出的人才，实际上整个文化就是这样一大批人在不断地贡献着。过去有时贬低民族文化传统，实际上也贬低了传承人和民众，把他们看成是腐朽落后封建文化的持有者，然而这些人对于整个文化历史发展的贡献是巨大的，没有他们也就没有了我们整个辉煌的传统文化。

第三，非物质文化遗产的保护，不仅正面地承认了民众自身诸多活动的正当性和合理性，同时也承认了它在现实社会的合法性。比如节日，过去认为我们的节日多少都带有一些封建成分、迷信成分。我记得在"文化大革命"当中，在报纸上，叫作应广大革命群众的要求，适应革命形势的需要，春节不再放假。现在，我们许多节日都在逐渐地恢复。中国民俗学会曾经连续四年召开国际会议，都是在过年的时候召开，对这件事情有所推动，后来又为中宣部、文化部、发改委做了方案策划，最后在申报国家审批的时候，基础文件也是以我们的报告为核心的。在这里承认了它在现实社会中的合法性、正当性和合理性。

第四，随着对传承人的关注，我们的文化理念也发生了变化，广大民众的自然观、幸福观已经受到了尊重。一到过年大家都还是说要回家过年，尽管对于整个社会来说，特别是对于交通部门来说，压力那么大，但是大家都喜气洋洋。

第五，对代表性传承人的表彰也好、关注也好，代表性传承人名录的发布也好，都为行政部门和民众创造了一个促进关系和谐的基础和平台。

代表性传承人为非遗保护传承做出了巨大的贡献，他们把自己所持有的非遗项目，仅仅看作是历史留下的遗产。如果把他们掌握的知识、才艺、技能等等，把他们所承担的项目比喻为个人"私产"的话，按照我国物权法的规定，他不仅享有对这些"私产"所谓占有、使用、获利的权力，同时还享有对这些"私产"自由处置的权力。所以我说他们等于把这些权力的一部分拿出来，不再把它看作"私产"，而是看作传统在自己身上的体现。当他成为传承保护这一非遗项目的代表性传承人的时候，他已经自觉认定他所持有的非物质文化遗产项目具体呈现着民族文化之根、民族精神之魂，他已经自愿放弃了随便处置这个财产的权力，而主动地承担起这一文化事项守护神的责任。他会通过自己的保护实践努力去守护非物质文化遗产的本真性，依据其内在规律来传承和发展这个文化项目，他会忠实地信守诺言，完成传承人的各项职责，不会为了一己私利随便改动它，或者是抛弃它。他有责任保护它，也有责任去发扬它、振兴它、传承它。所以我就觉得这一种宝贵的意识叫作"公产意识"，他是把它看成公产的一部分。所以传承人非常了不起。

在 1986 位国家级传承人当中，以民间文学也就是口头传统和民俗两方面为例，现在一共有 77 位民间文学项目的国家级传承人、61 位民俗项目的国家级传承人，正是这些传承人作为顶梁柱支撑起了中华民族民间文化传统的大厦，同样他们也为人类文化的多样性、文化发展的多样性提供了资源和滋养。

什么是保护？有的时候我们把问题看得非常简单，认为别让它走样、我们能够传下来就叫保护。联合国教科文组织《保护非物质文化遗产公约》中有一条，非常明确地指出什么叫保护：保护是指确保非物质文化遗产生命力的各项措施。它包括这些遗产的各个方面的确认、立档、研究、保存、保护、宣传、弘扬、传承、振兴九个步骤。公约当然并没有像我这样分别列出来，我是对这些环节做了非常仔细的思考之后才列出来的。

首先是确认、立档、研究。这基本上是认定某个项目作为非物质文化遗产项目的时候首先要做的事情。我们要考察它是不是真的能够体现非物质文化遗产标准性的要求，然后才为它建立档案。在建立档案的同时，我们要对它有一个初步的分析研究，当然这个研究会不断地深入。过去我曾经说过这样一句话：没有研究就没有保护。在一定的意义上它确实是这样。如果对你的对象不十分了解的话，就会草率行事，不会很认真地对待这个对象，也不知道如何保护它，什么是它最根本的核心，什么是它的灵魂，怎么对待它，它的发展状况是怎么样的。所有这些都会在研究过程中呈现出来。

其次是保存、保护和宣传。对于这些对象，我们要特别关注，对它的现实状况要加以维护，而且通过保存，通过不对它进行破坏，通过对它正确的宣传，来引起大家的广泛注意，提高大家对它的价值判断。

最后是弘扬、传承和振兴，就是推进它今后的发展。其中任何一个环节都有特别丰富的内涵，都有大量的工作要我们非常细致认真地去做。抢救性记录工作既是立档、保存，也是为研究和宣传积累资料打下基础，更进一步将会为弘扬和振兴提供助力。所以抢救性保护工程这项工作是一件必须要做好的事情。我建议大家在我们的工作过程中间不断地思考这九条。

2015 年 12 月，联合国教科文组织保护非物质文化遗产政府间委员会第十次常会还公布了一个重要文件，叫《保护非物质文化遗产伦理原则》。现在，在整个国际社会，特别是在保护文化遗产上，在相互合作时、在政府间合作时，要特别强调它的伦理原则，就是说我们要从伦理的视角来看待所有的工作应该采取一个什么方式。这个文件重申了"社区、群体和个人继续其各种实践、观念表达、表现形式、知识和技能以确保非物质文化存续力这个权利应得到承认和尊重"。有点拗口，但是也就是说我们对于社群，对于社区，对于群体和个人的传承非物质文化遗产的权利，要特别给予尊重。同时还强调在做抢救性记录工作时，应该尊重代表性传承人的意愿，让其事先知情，持续知情，并且能够得到同意，再开展工作。

另外应该尊重他们对所持有的非物质文化遗产的价值评定，而不应该用我

11

们的价值判断。比如说记录毕摩①也就是巫师们，他们有很多自己的观念，有自己的所谓知识体系，有自己的许多价值判断，不能简单地归之为迷信。所以有时候，这个事情变得很复杂。

去年联合国教科文组织在评我们申报的彝族火把节项目的时候，有的评审委员提出来这里有斗牛的场面，就是牛和牛斗，但不是西班牙的那种斗牛。说是在用动物残酷的竞争来取乐，这个不好，因此没通过。我们的人去解释，她本身也是彝族姑娘。她说当我们彝族自己过节的时候，牛，对于我们来说就像家庭成员一样，它们也要欢乐，我们在这里仅仅是把它们视同我们自己亲人一样，没有任何通过残酷的竞争来取乐的意图和行为；另外我们还要专门给它们喂食，专门让它们休息。但是评委不听。这就是用他们的价值判断来代替我们彝族的价值判断。

非物质文化遗产的动态性和活态性，应该始终得到尊重。在进行抢救性记录的过程中，必须贯彻这些重要的原则。在记录民间文学类代表性传承人有关信息的时候，还应该特别强调下面这些问题。

第一，民间文学是以语言作为主要表现手段的民间艺术形式，所以在忠实记录作品的时候，它的族属及所使用的民族语言或方言等，要特别细心地记录。应该请熟悉该语言或该方言的人员参与采录工作。有的时候，比如说到闽南去，听不懂闽南话，再经过翻译，完全不是那么回事。所以录音、录像一定要原汁原味。

第二，除了直接对代表性传承人进行访谈之外，最好创造条件，观察和记录其面对听众的实际讲唱场面，这些也涉及其他传承人。比如说手工艺代表性传承人，表演是一回事，在作坊里实际操作是另外一回事，那个环境，那时候的心情，工作的节奏，完全不一样。

第三，讲唱的作品有长有短，性质和特点各不相同。讲唱人的讲唱有温有火，风格也不一样。因此对作品的特点和代表性传承人讲唱的特点应该有细致的观察和记录。

第四，代表性传承人所遵循的师承关系、师承作品的原样的程度也不一样。一个代表性传承人既有他所谓学到的那些基础性的东西，也有他自己的风

---

① 毕摩，彝语音译，"毕"为"念经"之意，"摩"为"有知识的长者"，是一种专门替人礼赞、祈祷、祭祀的祭师。毕摩既是彝族社会中的知识分子，又是文化的传承与传播者。

格。所以说要个性塑造，一定要把这个人体现出来。传承人的传承方法和表达方法各有千秋。在口头传统里，代表性传承人可以分成三个类型：一个是持守型的，就是规规矩矩，怎么学来的就怎么唱，不越雷池一步。另外就是创新型的，学来之后不断加工、不断再创造，丰富它，变成既有传统同时又有自己个性表达的东西。在手工艺领域也多是如此。再有一类是集成型的，取各家之长，最后体现为自己独特的风格。所以在记录的时候要特别关注这些特点。

第五，对于传承人的讲唱作品，要有分析。传承人的身世、见闻、个人经历，怎么反映在他讲唱的作品里，怎么反映在他自己创造性的成分里边，一位传承人的情感因素、价值判断怎么反映在他讲唱的作品里面，这些都需要思考。譬如一个艺术品，在一个工匠，在传承人手中做出来的时候，那是带着手温，带着他自己的体温出现的。实际上这仅仅是一个形象的描述，这里包含着他对于历史的理解，包含他的情感，包含了他对于自己的技艺的深厚的热爱，所有这些都体现在作品里，所以这是他精益求精的一种创造。讲唱活动也一样，包含了传承人的情感、价值判断和创造，此外还涉及很多其他因素，如是职业性的、半职业性的，还是完全业余的，是否经常讲唱，频繁程度怎么样，他在什么地方讲唱，怎么个唱法，哪些人是他的听众，等等。

在记录民俗类代表性传承人的有关信息时要特别注意，民俗类项目因为涵盖比较广泛，内容特别丰富，形式特别多样，过程也特别复杂，参与的人员又多，往往会有一定的成规。这是一种文化空间，它的代表性传承人的情况又有不同，所担任的角色和发挥的作用，有很大的不同。当我们记录一个传承人，他仅仅是这样一个非常重大场面中间的一个角色。所以在这种情况下，你要通过他，把整个场面显示出来，非常复杂，同时要兼顾其他人员所担任的角色和所发挥的作用。对于民俗类项目的记录，尤其要全面贯彻整体性的原则，因为这一类项目记录的难度特别大，要特别注意细节，要关注时间、空间、活动的背景、宗旨和目的等等。希望大家共同来把非遗记录工程完成好，为我们这个民族、为我们的后代、为整个人类，做好这些事情。谢谢！

## 现场问答

**主持人**：感谢刘老以 80 多岁高龄，还给我们做这么精彩的讲述！我们也给各位同学留下一点时间提问。我首先想近水楼台，提两个自己感兴趣的问题：第一个问题，您刚才提到民间文学。我觉得民间文学是一个特别尴尬的项目，因为它牵涉文本和表演形式。刘老您怎么看待，在我们记录过程中，如何对待民间文学的文本和表演形式之间的关系？

另外一个，还是关于民间文学的，因为我们这个是传承人的抢救性记录，那么在民间文学的传承过程中，跟其他手工艺包括戏剧，都有不同的地方，您觉得我们在记录过程中，应该注意哪些环节？

**刘魁立：**大家都知道，在20世纪50年代曾经有过一场争论，就是关于忠实记录问题的争论。当时，最早的时候，我写了一篇关于搜集问题的文章，那个时候我才23岁，是一个毛孩子。写了这篇文章以后，引起轩然大波，引起的反响挺大，其中有些名家，董均伦、江源，还有其他的一些人也批判我。当时如果要称谁为先生的话，实际上是把谁划成资产阶级的知识分子。有一篇是《关于刘魁立先生的批评》，严重得厉害。如果我当时在国内的话，就会在政治上受到批判。当时我强调了这样一些事情，就是一定要忠实记录，要一字不移。为什么？一个老太太在讲故事的时候，特别详尽，特别有声色，眉飞色舞，讲得也特别细腻，这个时候她孙子过来了，要喝水，然后她自己就说了一句，你上一边去，我这儿正忙着呢，然后她就接着讲。你把前面这一段和后面一段，一比较就知道，她后面这一段，要比前面简练得多，因为她要着急给孩子去取水。这说明什么问题？说明在我们的记录过程中间，任何一个细节，都不会完全没有来由，完全没有影响。比如记录手艺，也有这样的情况，假定这个订货是需要马上交，他的做法是一种样子；要是给一个特别敬重的人，你看他是怎么做法。所以在记录的过程中间，就需要有这样一种胸怀，不断地去理解，就是在他最丰满地表达自己的技艺和知识的时候，去把它记录下来。对于口头传统，是这样的。

至于民间文学传承人的表演，假定它的口述、它的讲唱是表演性比较强的，或者叫半职业的，或者职业性的，也许表演占的成分比较重。可是一般的讲述，比如说唱歌的时候，也许这些表演，并不需要特别关注。比如说我在和大家讨论问题的时候，我是完全不自觉的，我的手抬起来，你如果把这些都写在里面，可能问题就复杂了，因为不知道在什么时候，有这样一种表达，有的时候仅仅是为了节奏的问题。要看在什么情况下、表演的重要性如何，来确定对待它的态度。

**主持人：**刘老，我们在做民间文学项目的传承教学的时候，应该注意哪些环节？因为就我所知，民间文学的很多学的环节比传这个环节还要重要。因为基本上都是想学的人自己去听，发挥了自己的各种潜能，获得了这个本领。在我们做这个抢救性记录的时候，应该怎么做才能更好地来告诉大家。

刘魁立：我想现在作为口头传统的这些传承人，他们都是一些大家，我知道的几位故事家，现在有的也过世了。他们讲述的技巧，就是从先辈们创造的知识库里接受的那些宝贵的财富，比别人要多，而且他自己的表达也比别人更加来得纯熟。这样一些人，他们的记录，是很重要的，倒不是说我们每一个人都需要记。这是我个人的认识。因为如果这样的话，大概 13 亿人，至少我们应该记录 1.3 亿，这个非常多。某种意义上，我们每一个人都是传承人，因为我们都在过年，我们都在唱歌，都唱民歌，而这个民歌我们也没有所谓师承。过去我们做《中国民族民间文艺集成志书》①，其中有《中国民间故事集成》。去搜集民间故事的时候，就是走街串户，到乡下去，咱们这个村里面有没有会讲故事的人，平时都听到谁来讲。有的时候我们就到这家去，他会给你讲几个，你听着就知道，他不是一个特别善于讲故事的，而且他也没有多少故事的积累。我们就把他知道的记下来而已，但是我们并不会专门把他当作一个特别值得采访的传承人。在无数讲故事的人当中，我们会碰到那么三个五个，很了不起的故事家，他就是会讲故事，他把原来的那些老人们讲给他的故事讲出来，记忆力特别好，而且他随时会加以改造。

我举个例子。比如说像《格萨尔》的传承人，有的叫作神授型的，还有的叫作圆光型的。什么叫作神授？过去有一位传承人，西藏的，叫玉梅，她小的时候和另外一个女孩结伴一块放羊。在河边上，羊喝水、吃草，她就躺下来睡觉，等过了一段时间，要走的时候，叫不醒她，没有办法，昏过去了。然后

① 《中国民间故事集成》是《中国民族民间文艺集成志书》的一种，由钟敬文先生担任主编，刘魁立先生是副主编之一。该书以"民间故事"的广义内涵为标准，收录了全国各地各民族的神话、传说和故事三种民间口头叙事散文，所有作品及相关资料均从田野调查中采录得来。《中国民族民间文艺集成志书》于 1979 年启动，2009 年 9 月全部完成，历时 30 年。这是由文化部、国家民委、中国文联有关文艺家协会共同发起并主办、国家社科规划和全国艺术科学规划的重大项目，是改革开放以来我国在民族民间文化抢救与保护方面最大、最有代表性的文化工程。这是民族民间文化第一次全面进入了国家志书，周巍峙、吕骥、李凌、孙慎、吴晓邦、张庚、钟敬文、贾芝、马学良、罗扬等专家学者，分别担任总编委会主任及各部集成志书主编，凝聚了全国数十万各民族文化工作者智慧和心血，被誉为"中国民间文艺的万里长城"。全书 4.5 亿字、298 部省卷、450 册，主要包括：《中国民间歌曲集成》《中国戏曲音乐集成》《中国民族民间器乐曲集成》《中国曲艺音乐集成》《中国民族民间舞蹈集成》《中国戏曲志》《中国民间故事集成》《中国歌谣集成》《中国谚语集成》《中国曲艺志》。

就请村里的人把她抬回家去，迷糊了7天，始终不醒。等她醒来，头一句话就说，我是格萨尔的人，今后就唱《格萨尔》。这就叫神授型的，由神来传授给她这方面的知识。另外还有一种叫作圆光型的，他会看着一面镜子讲唱《格萨尔》的故事，没有这面镜子就讲不出来，唱不出来。有一次在社科院讲的时候，没有镜子，一张纸也行，拿着这张纸，就看着讲，他说画面就在上面，这种是圆光型的。对这样的一些人，我们听他说他是怎么学来的，我们仅仅记录他的话就好了。

但是他们的技巧、他们讲唱的那些内容、那些丰富的含义，就特别珍贵了。比如说已经过世的扎巴，这也是西藏的一位老人，唱了三十几部，每部都是大概半个月一个月的唱，唱起来大概也差不多有一年多两年，一直在记录，一直到他最后还有几部没有记录下来。现在世界上最长的史诗就是《格萨尔》，要比《荷马史诗》和印度史诗长很多。像这样一些记录，就非常困难。有的时候我们需要用很长的时间，把它的文本记录下来之后，又要把它做成纸本的，或者像现在这样数字化地记录，然后还要进行分析，不断地加以研究。另外他们还会留下许多徒弟。这些徒弟有时候，由于各种各样的原因，或许现在又出现了萎缩的情况，如此等等。

**（杨宵宵整理）**

**邱春林**

# 传统手工艺传承人技艺的挖掘和整理

　　邱春林（1966—），博士，中国艺术研究院手工艺研究所所长、研究员，主要从事美术史论、非遗保护和美术创作实践。多年来参与国家非遗保护理论研究、项目评审、非遗督导、人员培训、成果展览等保护工作。兼任科技部战略与咨询专家委员、全国社会科学基金艺术学评审专家、中国工艺美术大师评审专家等。主要成果有：《会通中西——晚明实学家王徵的设计与思想》《设计与文化》《中国手工艺文化变迁》等专著11种，发表论文70余篇。

## 一、技艺与技术的区别与粘连

就保护传统手工艺这一类别而言，工作的基础是要先弄清楚手艺人的生产力或者说创造力究竟是通过什么方式体现出来的。传承人技艺的挖掘、记录、整理对象究竟是什么性质？换句话说，什么是技艺？很多人都在不同场合和语境中使用这个词，但技艺的内涵和外延并不是都很清楚。有时候人们会在使用技术还是技艺这两个名词时很难拿捏。到底这两个名词有哪些异同？传统手工艺的生产和创作中最突出的非物质性，是技艺还是技术？这不仅是厘清概念的学理性问题，更直接关系到我们抢救性记录工程的焦点和方法论。

技艺与技术最鲜明的区别就是它们的载体，一个是人，另一个是物。尽管技艺和技术都是解决问题的方法，但技艺属于经验性知识，或者说身体知识；技术则属于理性知识或原理。技艺的呈现靠人的活动，一旦离开人的实践活动就很难被观察到，所以它是非物质性的、以活态形态存在的。技术则具备明确的使用范围和被其他人认知的形式或载体，像原材料、产品、成品的工艺、工具、设备、设施，都可视作技术的载体，标示技术的信息。

英国自然科学史学家李约瑟①主编的《中国科学技术史》侧重于总结中国农业、矿业、运输业、水利、兵器业等范围的技术，包括技术性质、工艺成就、使用范围、技术发展变迁史等，它并不涉及手艺人个体技艺的多样性变化。比如说它阐述汉代冶铁技术的先进性，它用科学语言描述当时的原料配比、窑炉结构、铁范、脱碳工艺、热处理等技术问题，不涉及张姓、李姓等冶铁艺人各自的创造力。又比如说它记载中国大地普遍存在的龙骨水车，就会记

---

① 李约瑟（Joseph Terence Montgomery Needham，1900—1995），英国生物化学家和科学技术史专家，所著《中国的科学与文明》（*Science and Civilization in China*，即《中国科学技术史》），对现代中西文化交流影响深远。

载龙骨水车的基本结构和工作原理,还可能涉及龙骨水车在不同时代里或不同地域中所做的技术上的一些适应性改变。当技术史学家尝试去拓展技术的社会接受史时,自然就已经跨入到文化层面去看待技术变迁问题,所以《中国科学技术史》这部皇皇巨著也可视为中国技术文化史,但它不可能是一部技艺史。

技艺水平只有通过比较不同传承人的实践能力才能被确定。做传承人技艺的抢救性保护工作,先要对他的技艺、声望有个基本了解,并且与他有礼节性的互动。为保证信息采集的有效性,需要创造条件让传承人调整好工作状态,发挥出较高的技艺水平。而技术的采集相对容易得多,因为技术是可以量化的,很明确,有通用的标准。

如前面讲到的,技术是一种用科学语言来描述的知识,它来源于对技艺的科学检验、理性分析和总结升华。我国传统手工艺生产里的许多工艺流程早已进入近现代科学研究的视野,已经做到了经验知识的科学技术化。比如说我国各地都有生产陶瓷的窑口,从很多省份所撰写的申报书中可以看出,不同窑口所描述的陶瓷生产工艺流程有很大的一致性,不外乎是选矿、澄泥、拉坯、修坯、装饰、上釉、晾干、入窑烧制、成品包装。从南到北,工艺流程以及所应用的主要工具和机械也大致一样,这就是目前陶瓷生产的共性技术。虽然不同窑口的技术指标有差别,比如景德镇白瓷烧到 1380℃,紫砂陶只需烧到 1200℃多,这些指标不是以个人意志为转移的。做这个品类的陶瓷,就一定要遵循社会认可的工艺流程、工艺标准,如果连这个都做不到,想完全个性化,可能入门都入不了。所以说,掌握共性技术是手艺人入行的一个基础,这一技术部分的内容在挖掘、记录、整理时不会遇到什么不确定性问题。

但是,手工艺的魅力在于它是手工劳动,是依靠身体表现出来的创造力。即使使用相同材料,手持相同工具,遵循相同的工艺流程,不同的人来做结果会不尽一致。因为传承人在实践过程当中,共性技术有一个内化为主体能力的过程。正是这个内化过程,因人的身体条件、认识能力、人生阅历、创造能力有差别。还有就是有些人掌握了尚未公开的秘诀,各种环境因素的影响等等,都会在他的手上产生作用力。所以手艺人的劳动体现出技能、技巧的差别,它是差异化的劳动,即使是同一个人在不同的年龄阶段,或不同的心境下完成同样的工作,其技艺水平也会有高低之别。有些人一生的代表作就那么几件,一些杰作当年纪大了想再做,做不出来了。为什么做不出来?因为人的身体是有局限性的。所以手工生产过程中个体技艺的发挥仍然有许多说不清、道不明的东西，但它值得关注，值得深度挖掘。从事非遗保护工作的人，只有近距离去观看、交流、领会，才能发现手艺人之间技艺的丰富多样性。

有人或许要问，每个传承人都有很多经验，为什么这些经验不总结出来，变成可广泛传播的科学技术呢？国家图书馆有那么多关于传统手工艺方面的藏书，有些属于技术书籍，它们是采用科学检验、检测手段归纳总结的工艺书；也有一些书带有文学色彩，或到关键技术时语焉不详，如古代文人笔记。实际上古往今来手工艺生产实践中有大量的经验知识被反复应用，被证明有效，却依旧没有受到科学关注。这些知识有的是由于手艺人不愿说出来，或者仅仅是藏藏掖掖、零零碎碎地表达。金代诗人元好问有一句诗，叫作"鸳鸯绣了从教看，莫把金针度与人"。意思是我可以把精美的绣品给你看，但不会把具体的针法传于你。俗语说得更透彻："教会徒弟，饿死师傅。"

还有一种情况，就是受认识能力的局限，有些老艺人对一些偶然现象自己也弄不清、搞不明，属于有口难言。比如钧瓷和建窑建盏窑变问题，在过去上千年时间里，手艺人都没有破解其中的关键秘密，长期靠老艺人的经验在其中起点作用。雕花木工师傅带徒弟，告诉徒弟该这么做：这里削掉一点，那里多留一点。为什么这样？讲不透彻。

我们做国家级传承人抢救性工程，实际上就是要尽量把经验型知识客观化，这个转化的过程是有一定困难的，因为有一部分是可以转化的，前提是必须有科学研究做基础；有一些东西是没法转化的，它可能还要暂时停留在很朦胧、很混沌的一个知识体系里边，这需要我们用心去体会，尽量去接近真相。正如日本民艺学①家柳宗悦所说：技术是理解，技艺是一种体会。说的也是这个意思。

## 二、传承人技艺的挖掘

如何做传承人技艺的挖掘工作？究竟怎么观察技艺？怎么获取有关技艺的

---

① 民艺学，是研究民间手工艺术和民间手工技艺的学科，主要由民艺历史、民艺理论、民艺采风三大部分构成。柳宗悦（Sooetsu Yanagi，1889—1961），日本著名民艺理论家、美学家，被誉为"民艺之父"。

知识？

第一，关于身体知识的挖掘。所谓技艺的经验性、模糊性特点，都是因为它是身体的一种行为，是大脑与四肢的协调性中贯穿的一种创造行为。手工艺的劳动是嗅觉、听觉、触觉的高度协调，特别是中国人所讲的心对双手支配，将原生的创造力带出来，所谓心灵手才巧。身体知识的挖掘和记录单纯用语言描述会有障碍，因为过多地使用出神入化、巧夺天工、栩栩如生等形容词，无助于抵达事实真相。所以这个东西主要靠影像记录、配合解说来完成。我看过一些抢救性记录传承人技艺的纪录片，从头到尾只见一个传承人在做工，可能专业人士能分辨出这个传承人的技艺水平如何，特色在哪里，但是，这个抢救性记录工程的影像最终给谁看？最好考虑到普通读者在调出这个档案时能有自己的理解，所以还是应该有旁白。旁白很重要，要让传承人边做边说。比如说陶瓷拉坯成型，为什么有人拉坯时身体四肢很协调，拉得又快又好，有些人则看似趴在辘轳车上，全身使劲还拉不到位？做得好的人可以让他边示范边解释，两个肘关节怎么找支撑点？双手怎么配合？腕关节怎么使劲？哪实、哪虚？长颈大肚小口的花瓶为什么难拉，诀窍是什么？边做边说，引导摄影师调整摄影焦点。又比如说石雕，作品大致形状出来了，却突然遇到里边出现绺裂，这可怎么办？传承人熟能生巧，总有解决问题的随机技巧，让他边做边说。影像的语言只有与技艺实践的重点结合到一起，才有解剖身体知识的意味。

第二，关于环境知识的挖掘。手工艺的生产环境，包括自然环境和人文环境。首先，因地制宜地选择合适生产的自然环境，可看成是手工艺的外接技艺。其次，生产空间的布局也有非物质文化的内容，节省、巧便、灵活、可持续，其中的智慧也可视作是技艺的延展。像四川夹江造纸多为家庭式作坊，都是在当地民居的空间结构基础上稍加改造，既利于生产，也利于生活，体现了手工艺生产的文化特性。

工具也在环境中，认识和记录工具所承载的技术和使用者的技艺都很重要。传统手工艺行业有一句谚语，"三分手七分工具"。工具是技术的产物，是手的延伸。工具的技术性可以内化为传承人的技艺水平。所以必须要关注生产环境中的工具，包括简单工具和借助风力、水力、畜力驱动的简单机械、设备等。以陶瓷生产为例，像研磨瓷土的水碓，拉胚成型用的辘轳，装饰用的各种小工具，各式窑炉等，技艺的实现离不开这些技术载体。今天，雕刻领域里普遍使用非全自动化的电动雕刻刀，这也是无法回避的事情。

第三，关于产品或作品的知识挖掘。产品或作品是技术的载体，是手艺人技艺的成果，它们看似物质的、静态的东西，其实是会说话的。有一定经验的手艺人能借助古代留下来的样品，复活某项失传已久的手工艺。全国各省有不少受保护的手工艺非遗项目，其实都有中断过的历史。比如说北京的"金镶玉"技艺在晚清曾经中断过一阵，一位叫潘秉衡①的琢玉艺人在民国时候买到一块玉器残片，上面有嵌金银丝的残留。他仔细研究后，发现挖槽有些异样，表面开口处窄，深处宽，金银丝敲进去以后，可解决不崩丝的难题。他参破这个秘密之后，经过反复试制，终于恢复了这项技艺，使之成为他独擅的绝活。所以说，对于传承人技艺的挖掘，不能忽视他的产品或作品，它们在某种程度上能代表手艺人的技艺水平。

第四，关于人与人之间知识的挖掘。技艺通常都会被植入社会关系。只要稍加审视，就会发现手工技艺关联着深厚的民风、风俗，甚至信仰，这也是需要去挖掘的知识。人与人之间的伦理关系，既影响技艺的施展，也支撑着技艺的传承。技艺的养成环境有大有小，大到国家、民族、行业，小到家族、代际、性别、师徒关系、协作关系等等。以性别为例，许多手工艺的关键技艺都是男人专享的，对于女性的介入有一定的限制。而类似剪纸这类民俗性质的手工艺则十分鲜明地反映了传统社会里女性的处境，她们的生活环境养成了需要抒情的技艺。再比如师徒关系其实也是一个养成技艺的小环境。新中国成立后的集体或国营厂里也有师徒关系，只是这种师徒与传统社会里的师徒关系不一样。今天在世的许多国家级代表性传承人都是在新中国成长起来的，他们的成才环境有一定的优越性。比如没有人身依附，师徒关系平等，一个十分乐意教，另一个没有理由不好好学，而且教徒弟的往往还不只一个良师，他们的技艺养成时代是相当开明的。

上面这些都是共性问题。下面我讲怎么挖掘传承人个体技艺的独特性，也就是如何借助比较方法来识别传承人的绝活。

第一，要关注这个传承人在选择和利用原料时的偏好。因材施艺是从材料的甄别和挑选开始的，材料的性质直接关联到传承人技艺的实施、技艺的特

---

① 潘秉衡（1912—1970），玉器艺术家，河北固安人。他于14岁起从事玉器雕琢工作，致力于薄胎玉器研究，并发明了套料取材法。后又研究成功玉器薄胎压金银丝嵌宝石技艺，人称"金镶玉"，是我国玉器工艺史上的创举。

点。宝玉石雕刻行业最明显了，有的寿山石雕艺人专门挑凝润度高的、颜色纯的稀有石头，像田黄、芙蓉石、荔枝冻等；有一些艺人会选质地稍粗、颜色杂的石头。他们的技艺各有专长，使用品质高的材料往往会发展出圆润、细腻的雕刻技艺；相反，使用品质差的材料通常会形成刀痕明显的、体量感和雕塑感强的雕刻技艺。所以原料本身是物质性的，但对它的选择和使用包含了非物质的内容，其中的讲究正是关注传承人技艺独特性绕不开的话题。

第二，要关注只属于这个传承人的特殊工具的制作和使用。传承人之间有很多工具是通用型的，也就是街上能随意买得到的。除此之外，有少部分传承人会有自己特制的工具。可以肯定地说，这些特制的工具一定关联着他技艺的特殊性。宜兴紫砂最能说明这个问题。每张宜兴紫砂泥桌子上都摆着几十件用于泥片成型的制壶工具，但有造诣的老艺人的泥桌上会有那么几件是他自制的，它们材料独特、造型独特、功能独特。尤其是那些做"花货"的紫砂传承人，他们手里肯定有一些小玩意，帮助他们在塑造时得心应手、省时省力。这些特殊工具，凝结着他个人技艺的独特性。

第三，要关注这个传承人擅长的题材和标志性的形式。每一个传承人都有他擅长的题材、造型和产品的类型，这些东西也关联着他技艺的独特性。要去挖掘，尤其要重视他的代表作所凝结的创造力，不要过多停留在他应付一般市场需求的生产上。非物质文化遗产保护的宗旨是要"增强对人类文化多样性和创造力的尊重"。怎么领会传承人的创造力？必须有比较的视角：历史比较和横向比较。把这位传承人的实践放置在历史和当代这个坐标轴上，就能看清楚、说明白他的个人贡献。

第四，要关注这个传承人的绝活、秘方、秘术。这一方面我不展开说了，因为有一些他会告诉你，有一些他至死不会说的。说不说得充分尊重传承人的意愿，我国的《非物质文化遗产法》没有规定传承人有公开这些秘密的义务。

第五，要关注这个传承人所代表的流派。我们评各级代表性传承人的时候有人数限制，因此不能兼顾各个流派。比如说寿山石雕，自民国时就有东门派、西门派的分野。东门擅薄意，西门擅圆雕。又比如同是江南地区的刺绣，有苏绣、扬绣、顾绣、南通仿真绣、无锡精微绣的区分，这些绣种针法上其实都互通有无、相互借鉴，最大的区别还是针法的使用上各有侧重，由此形成他们各自鲜明的艺术风格。因此，传承人技艺的挖掘始终离不开比较的视野和方法。

### 三、记录和整理传承人技艺的原则

最后，我讲一下记录和整理传承人技艺的一些原则。

第一个原则：兼顾技术与技艺。我前面讲过，传统手工艺既离不开通用性技术（如工具、原料、设备、规程等等），更离不开手艺人的技艺（身体知识）。物质的和非物质的文化不可能那么割裂。联合国《非物质文化遗产公约》的制订专家们也注意到这一点，这才把"相关的工具、实物、手工艺品和文化场所"也统统视为非物质文化遗产。

第二个原则：兼顾共性与个性。每一个个体都是共性与个性的统一体。就手工艺的传承人而言，他既肩负着传统，也代表着个人的探索；既代表所属的家族、流派、区域文化，也代表着他个人的唯一性。

第三个原则：兼顾传承与创新。日本民艺家柳宗悦在考察大量民间手工艺之后发现，这个行业历来不鼓励个性，而是鼓励维持一种传承关系，个体淹没在传统的浓荫中，个人创造力以非常含蓄的、非常隐蔽的方式表达出来。所以他认为民间艺人的价值要大于具有现代工艺美术家性质这部分人的创造。为什么？因为前者的劳动在重复着手工艺劳动千万次以后，体现出一种劳动的自由、流畅、不假思索，流露出类似于禅宗的无心的美。我认为他对民艺价值的弘扬是对的，但不能一概否定工艺美术家所代表的创新的价值。尽管我国有些著名的手工艺人朝着工艺美术家的方向在发展，他们的创造有过于张扬个性之处，但中国是一个日益开放的社会，尤其是这一百多年来的变迁日新月异，文化的现代性转向和传统文化的再创造是这个大时代的主旋律。所以，对于这部分传承人的创新我们不能一味地持批判态度，相反，对他们需要有陈寅恪先生所言的"了解的同情"。

第四个原则：兼顾技艺与精神。光讲技艺、不讲精神肯定不行！春秋时期诸子就很重视这个"技"与"道"的关系问题，技艺一定是关联精神的。为什么自 2013 年以后，很多手艺人的作品和产品都卖不出去了？不是技艺水平降低了，而是人心浮躁，他的技艺在一种不健康的精神引导下，他的东西做走样了，技艺水平没有发挥出来。很多代表性传承人，背后确有非常好的精神在支撑着他们，这些精神有些是传统文化的优秀价值。这部分怎么去记录和整理？从哪儿入手？

今年大家都在议"工匠精神"。大家有没有注意到，至少 2000 年以后政府工作报告里面，有哪一句话能引起朝野之间如此广泛的共鸣？可能"工匠精神"这四个字是最抢眼的。为什么？看起来工业制造业的职业态度问题跟我们多数民众的生活没直接关联，但是仔细想一下，并非如此。当医生、律师、作家、美术家、教师等等都在自我反思工匠精神缺失的问题时，说明工匠精神的缺失集中暴露了社会的病症，刺激到了我们社会的痛点，这才造成全民性的思想激荡。

工匠精神可以解剖出这么几个层次的内涵：首先，工匠精神就是用心做事的基本态度。老艺人往往是这一方面的楷模。其次，工匠精神光有态度还不行，还需有一种对高超职业技艺的自觉追求。没有出神入化的职业技艺，谈什么工匠精神？又次，工匠精神是对待消费者的一种诚信。这是对外的，处理人与人之间关系的。诚实、不欺诈，这个是底线。最后，工匠精神还是一种职业忠诚，在平凡的工作中将自己的人生信念贯穿彻底。这一点说起来抽象，实则不然。每个人都要认同自己的工作具有造福于他人的价值，这是最朴实的理想信念，有时理想不需要太过高远。趁着国家级传承人抢救性记录工程的实施，老艺人背后传承的这部分精神还是要挖掘出来。

最后，一个国家的传统手工艺是该国民族文化的重要载体。日本人在 20 世纪快速现代化时，从民艺中重新发现了他们的国民性。如今反映日本工匠精神的坚韧、执着、细致、诚实等品格，也容易给他国民众留下良好印象。中国游客近年为什么跟风似地到日本买铁壶？我们也有铁壶生产，一把壶加上炉子在北京潘家园才卖 100 块钱，做工也过得去，为什么要买几千元一把的日本铁壶呢？都是因为产品背后的工匠精神。今天我们的手工技艺实际上一点不逊色于日本，手工艺文化的多样性更是日本不能比拟，我们缺什么？缺的就是这股精、气、神。非遗保护工作者应该做的，是通过传承人抢救性记录工程，把中国手工艺的技艺和精神挖掘、记录、整理出来，为非物质文化遗产的再创造培本固元。

# 现场问答

**主持人：**我们首先感谢邱老师的精彩讲座！技艺的挖掘和整理在非遗传承里边占了很大部分。邱老师从一开始就提了技艺与技术的概念，实际上我们有一些还不是特别的理解，您能不能就这方面给大家举例讲解一下？谢谢！

**邱春林**：技术和技艺，讲了区别，也讲了联系，只是给大家一个提醒。具体到挖掘整理工作，尤其是文本整理表述的时候，还是要回到技艺层面上谈问题。工艺流程可以用技术语言表达，比如说选矿，选哪几种矿；陶瓷的配方是二元配方，还是三元配方，比例是多少。包括烧成火候，氧化过程中升温多少，又在哪个温度上进行还原，这些都可以用技术语言来描述。其实大部分所要挖掘的内容，最终都回到技艺层面上谈问题。比如说涉及工具简单、机械问题，还是回到技艺层面上。手艺人操作工具的时候是怎么用的，比如说木雕打粗坯的时候使用什么工具，不需要详细描述这个工具到底长得怎么样、大斧头还是小斧头，因为有直观的影像在。需要描述身体知识，具体到身体和四肢怎么协调，从什么地方入手，不同工具之间怎么转换着使用，这些过程最终都会落实到技艺层面上来描述。记录的时候得有这个意识：哪些属于技艺，哪些属于技术。但是在整理过程中，少量东西可以在技术层面上谈问题，大多数还是要回到技艺层面上来。

**主持人**：您说到在技艺方面，有些可以量化，有些不能量化，中间其实很微妙。

**邱春林**：对。

**主持人**：前面讲到非物质文化遗产是人类可以共享的财富，刚才听了您的讲座很受启发。我理解在技术层面其实是可以共享的，在技艺层面非常难，而后者恰恰是我们非遗抢救性记录工程中的重中之重。您觉得有什么好的办法，让我们更准确、更真实地捕捉到这一部分？

**邱春林**：你提的这个问题特别好，它是一个核心问题。受文化部的委托，2009 年 11 月我到台湾大学做了一个讲座，专门谈这个话题：《共享性技术的存在与手艺人的成材之路》。当一个社会共享性的技术越多的时候，也就是技术越民主的时代，手艺人越容易成材，尤其是年轻人成材的成本会大大降低。共享型技术的多寡一方面取决于手艺人的思想有多开明，他愿不愿意把自己的技术公开，愿不愿意在公共空间里把自己的技艺跟大家分享。另一方面也取决于专家学者，他们有多少能力、多少作为，能把手艺人的技艺进行科学研究，使之技术化。

非物质文化遗产强调活态传承，但我们应该在多大层面上来鼓励这种技艺共享？这个涉及知识产权问题，还有对文化持有者的尊重。要尊重手艺人本身的自主性，就是他愿不愿意把自己手中的秘密完全公开，由他自作主张。实际上只要他愿意说出来，尽管说得模糊，说得不完全量化，还是可以共享的。这个共享不一定是全民共享，至少行业内一说就懂。技艺的共享性有边界，当初遴选一些老艺人作为非物质文化遗产代表性传承人的时候，有没有这么一个合约，对他有一个责任和义务的约定？我想是没有的。《非物质文化遗产法》没有这一条，相关责任约定非常含糊。站在知识产权保护的角度看，有一些属于他个人发明创造的，可以申请这方面的法律保护。有一些属于传统中就已经有的做法，历代相传下来的，属于集体创造，只不过传到今天仅仅个别人掌握，这部分技术或技艺是没法获得知识产权保护的，是不是可以鼓励传承人拿出来共享？手工技术和技艺共享什么年代做得最好？就是 1951 年到 1989 年，中国通过合作化改造走集体主义道路，在计划经济时代做得最好。我们今天做非遗保护工作，各省、市一普查，发现传统手工艺遗存那么多，为什么？如果时光倒流至 1949 年以前，那是惨不忍睹的。但是，1951 年到 1956 年中国为了发展轻工业，做了很多的抢救、发掘、整理、提高手工艺的工作，让他们恢复了生产。经过社会主义改造之后，很多老艺人把手里的绝活公开了。为什么愿意公开？因为传统手艺人上升为新中国的产业工人，社会地位翻天覆地改变了。手艺人在过去是"下九流"，在新中国称为"老大哥"。政治新生和生产关系的变革，极大地解决了他们的后顾之忧。很多工艺美术大师也好，代表性传承人也好，他们赶上了那个技术民主时代。今天的情形有点不一样，拆大化小，重新回到私有制的小手工艺时代。手艺人自谋生路靠什么？靠的是手中的绝活。近些年保守技术秘密的意识在手工艺行业中有增强的趋势，这可能是未来非遗保护工作会遇到的一个新难题。假设在 20 世纪七八十年代的时候做非遗保护，那会是另一番情景，因为那个时候完全是集体传承，不用担心技艺失传问题。在国有企业、集体企业中老艺人全心全意教徒弟，真的做到了人人都是传承人。现在不一样，现在面对的是市场竞争的环境。手艺人传承技艺一个底线是保护知识产权，在保护知识产权基础上，鼓励他们把能共享的东西拿出来共享。

**学员**：谢谢主持人！也谢谢邱老师！在做的过程中我们可能会有一个问题，传统技艺跟传统美术的类别划分不清晰，希望邱老师简单给我们做一点说明。做不同记录的时候，怎么去处理它们差异化特色？

**邱春林**：传统美术和传统技艺分类的科学性、合理性没有人能说明白。我想可能是出于评审工作方便，传统手工艺申报数量多，管理难度大。但是我觉得在抢救性记录工程的手册里不需要硬性地区分这两类，更不应该强调要描述它们之间的差别，因为两者合起来就是联合国非遗公约中的"传统手工艺"这一大类。还是要回到手工艺的生产方式来看问题，有差异仅仅是项目与项目之间的差异，不需要过分强调美术或者强调技艺等所谓大类之间的差异化特色。

**学员：**邱老师，您好！在我们工作中所接触的这些大师中，有一些是国家级的传承人。在采访过程中我有一个疑问，有一些大师尽管手艺很好、表达能力也强，但是他们在创作过程中仍有一些东西只可意会不可言传。比如说雕刻过程中，这里少一块、那里多一块这样的问题，很多艺术核心的问题恰恰不能用语言表达。这个怎么处理？

**邱春林：**有些是他自己语言表达能力的问题；有些则是他心知肚明，不愿意表达，大多数情况下还是欠缺表达能力。做记录整理者，只能勤快点，敏感点。他一边做，你要不断问，或者在片子做完以后让他解释，后期配音也好。否则，你做出来一个流畅的工作流程影像，谁都看不懂。非物质文化就是工艺背后的讲究，对不对？我做这个动作背后有什么说道，这个要是挖不出来的话，非物质文化体现在哪里？其实越是只可意会、不可言传的这部分，就越是要尽量让他言传。

（全根先整理）

定宜庄

# 我做口述史的实践与体会

　　定宜庄（1948—），女，中国社会科学院历史所研究员。1982 年毕业于北京师范大学历史系，1991 年获中央民族大学历史学博士学位。1993 年调入中国社会科学院历史所，任中国社会科学院研究生院教授、博士研究生导师。曾任韩国高丽大学历史系和中国台湾东吴大学历史系、台湾政治大学历史系客座教授。并应美国加州圣芭芭拉大学、加州理工大学社会科学系、美国哈佛燕京学社，澳大利亚国立大学，法国远东学院，韩国成均馆大学及中国台湾"中央研究院"等邀请，任访问学者或合作学者。主要成果有：《口述史读本》（主编）、《老北京人的口述历史》、《最后的记忆：十六名旗人妇女的口述历史》、《个人叙述中的同仁堂历史》、《宣武消失之前：黄宗汉口述》以及《大历史、小人物：黄宗汉与东风电视机厂改革》等。

首先，我还是大致给大家讲一讲，口述需要怎么来做，要经过几个过程、几个步骤；为什么要做口述史，它的意义在哪儿。

一般讲口述的意义，我们就会讲现在的社会是一个多元的社会，要让弱势的群体也发出声音，要目光向下等等。讲这些用处可能不大，因为你们做口述是有明确对象的，这个对象就是非遗的传承人。

可是有一点是有必要说的，就是口述具有的个人性。做传承人的记录，可以用各种各样的方式，为什么一定要用口述的方式呢？这是因为口述有一个重要的特点，也是它的长处，那就是口述特有的个人性。每一个人，都有他的特点。即使生活在同一个时代，做同样的一件事，每个人对一件事的判断标准也不一样，最后，这件事对他的影响也不一样。举一个很简单的例子：我们这一代人都当过知青，都插过队，这是共同的经历，但我们因此就都是一个模子里刻出来的吗？当然不是。经过那个阶段以后，有些人能从中获得很多的经验，这些经验可以转变成他人生的精神财富，因此后来就很成功；也有一些人就有特别大的损失，回忆起来就会觉得那一段生活不堪回首。所以有的人喊"青春无悔"；有的人就互相争论、吵架。为什么会这样呢？因为每个个体所经历的东西是不一样的。

每个个体的差异，跟他的家庭背景、民族成分、受教育程度、性格等不同有直接关系。非遗传承人的个人性特点也是非常突出的。非遗不是大工业生产，非遗传承人所传承的遗产，绘画、杂技、手工艺等，只要是手工的东西，或者是他个体的东西，就一定带着他自己的特色。这个特色就是他和别人不一样的地方，也是他的价值所在。从另一个方面来说，不管非遗这个东西多么有价值，它也是得通过代表性传承人才能表达出来、体现出来的。他个人的特点，无论优点缺点，都会体现在他的作品或者成果之中。由于它具有的这种个人化的特性，做口述就比用其他的方式来记录要有意思得多、有价值得多。而且我们做出来的东西，如果能做得好，就是非常有价值的，甚至它的精华应该也是在这儿。我们做口述就应该着力去探讨这些个性因素。

　　这么说可能有些空泛，所以我想举几个例子。记得有一年，我去海南的五指山，那边有一个海南黎族自治州，流行织锦。我去过一个很有名的织锦老人家里看她织，织出来的花纹特别复杂。我就问她女儿，我说她织得这么好，你学了没有啊？她女儿就说，她织的这个花样啊，可不是随便就能学会的。她说这可不像去学校上学，老师教你读书认字，然后大家就都会认字了。这东西可不是能这样教会的。我说那怎么传承呢？靠看学会的吗？她说我妈妈能够把织锦织到一个非常高的、顶尖的水平，别人就达不到，她说她就学不会。有人能看会，有人就看不会。我说，这说得也太玄了，她女儿就告诉我一个词，说是要"靠天赋"。怎么理解这个天赋呢？一靠她的人生经历，二靠她的用心，还有一个，确实还得有灵气。所以像这样的东西，就属于独一无二了，她为什么能有这种天赋？这正是咱们做口述的人的用武之地。也就是说，这就需要我们去给他做口述，通过他的口述，来了解他有过什么样的经历，经历过什么样的传承，到底是他特别刻苦，还是他有一些别人没有的经历，或者是什么事情启发了他的灵感。

　　下面进入正题。为什么要用口述的方式来做传承人的记录呢？很重要的一点，就是每一个人都不一样。一个绣品也好，一个雕漆也好，一个作品，不是一个人做的，就会不一样。为什么呢，就是这个人的出身、经历、个性、爱好等等各种因素促成的，我们做口述就应该着力去探讨这些因素，因为仅仅要他写一份简历，是无法了解这些因素的，只能去面对他，细细地跟他聊。

　　下面接着说说怎么做口述史，也就是具体的实践问题。做口述史比做别的记录都困难，因为我们面对的是活人。我自己做了20多年的口述，我觉得比自己读文献、看书和写文章要累得多，特别辛苦，也头疼，有时候真是下决心再也不做了，可是很快又受到一个题目或者一个人物的吸引，接着去做，一做又觉得非常辛苦。总之凡是跟人打交道的活儿，肯定是最累的，所以今天我们就讲一讲口述史采访具体操作的事情。

　　口述史是很规范、很专业的，虽然国外有一些学者主张"大家来做口述史"，实际上不是谁都能来做的。因为有很多的东西做出来之后往图书馆里一放，不一定能起到多少作用。真正想把口述史做好，还需要经过一定的专业培训。做口述主要是分三个阶段，就是三个步骤。

　　第一步是事先的准备，就是做案头。这个准备，受过不同专业训练的人可能准备的东西不一样，但是必须得准备。我问过一个很有名的记者，说你们下去采访之前做不做案头准备？他说当然要做，而且要做得特别详细，做案头是成功的保证。当然对这个问题也有争论，前些天有个记者就提出过这个问题，他说如果把案头的计划写得特别详细，进入现场的时候这个详细的计划反而限制了访谈，所以他提出疑问，说做案头准备到底是好还是不好？这确实是个问题。不管好还是不好，我觉得有一些东西还是有必要准备的。

怎么去做口述的案头呢？举一个例子。我是研究清史的，做过旗人妇女的口述，就是那些祖上是旗人、现在称为满族的老太太们。我的案头是怎么做的呢？我研究了多年清代的八旗制度，了解这些旗人入关以后都分布在什么地方，比如说有 10 万人在北京，有 6000 人在南京，有 6000 人在西安，还有一些人在福建和广东，等等，这是第一步。第二步是我了解这些人过去在八旗里是什么样的地位，比如说住在北京西城的好多是皇室，地位当然很高，黄带子，宗室嘛。还有一些人是穷人。穷人是什么样的人，分布在什么地方，都要研究清楚。然后外地的，福州也好，广州也好，早期派去那里驻防的都是八旗汉军，后来才换成了满洲旗人。首先得了解这些历史。如果这些历史都不了解，到了那儿就有可能被人糊弄。他说他是旗人，讲过去旗人的生活，很可能是他从电视剧里看来的，你怎么判断他讲得对不对呢？

我再举个例子。北京有个南营房，清朝时是八旗旗人聚集的地方。这个聚集的地方，一直到前两年才拆迁，是最晚被拆的一个满人聚居之地，吸引了不少记者去，还写了一些文章，也有文学作品。有的报道就说这些满人原来都是"皇亲贵胄、大家子弟、贵族"——因为他们看到的书上就是这么写的——这些"贵族"到辛亥革命以后就没落了，变成了穷人，但还保持着贵族的生活观念和习惯。事实真的是这样吗？我自己是研究这个专业的，我知道这群人从来就不是什么贵族。我的根据是什么呢？因为真正的贵族不会住在京城的城根下。城根下是穷人住的，城根下的房子都是最便宜的。南营房就是这样。清军入关以后，旗人的贫富分化很厉害，有些人富了，也有些人穷了，穷人就把国家分的房子卖了。卖了以后怎么办呢？到康熙朝的时候，皇上不想让这些旗人流离失所，就在城根底下便宜的地方盖点营房，让他们到那儿去住。所以这群人从康熙朝的时候起，就已经是穷人了，不用等到后来的辛亥革命。现在要是一问他，有些人就会说他们都姓爱新觉罗，都是"上三旗"的，都是贵族，当年怎么阔绰。他不说他是穷人，这不就上当了吗？到了那儿，访谈了他 20 分钟也好、30 分钟也好，他给你讲了这一套，你回来就写了一篇文章，写当时的有钱人、贵族，现在变成了什么样，他们是怎么生活的。你这不是陷入了一个误区吗？

那京城的有钱人住在哪儿呢？住在东城，就是现在从北新桥一直到崇文门那一带。南锣鼓巷现在很有名，其实锣鼓巷本身也是穷人待的地方。它是一条南北向的胡同，像一条蜈蚣的脊背一样，老北京人说，这条南北向的胡同两边，是一条一条横道（东西向）的胡同，深宅大院都在这里面：麻花胡同、菊儿胡同、秦老胡同。南锣鼓巷这一条竖着的胡同，它是干吗的呢？住的都是给这些横着的深宅大院的有钱人服务的，包括拉洋车的、洗衣服的、摇煤球的，都是这些人。所以说南锣鼓巷就是老北京的代表。

事先必须对要采访的对象有一个大背景的准备。此外，还要有更细致的准备，包括什么呢？比如说非遗本身是怎么回事，应该了解吧？对这个专业不了解，就贸然地去问，是很难问出东西的。对具体的个人，也要尽可能地了解他的信息，想好要找的是个什么人，年龄有多大。年龄很重要，年龄不同，双方之间的对话也是不一样的。比如说被访的是一位老人，你得尊重人家一点；如果遇到的是一个同龄人，可以互相比较亲近一点。

了解个人信息，说起来容易，但做起来难，很多人犯懒，一犯懒没准儿到现场就会谈崩。我就看过很多失败的教训。譬如被访者是位老先生，他写过一篇文章，但你没看过，他就要说你连我的文章都没看过，你来干什么来了？就不高兴了，你就没办法。像这样的个人信息，能够掌握多少就得掌握多少。一般地说，非物质文化遗产代表性传承人肯定有些名气，要知道到哪儿可以查到。还有一个很重要，得了解一下这位传承人的为人，得想办法侧面地跟相关的人，比如他的领导、同事、家人、子女，去打听一下，他喜欢什么，不喜欢什么，脾气好不好，哪些话是不能问的。比如说他有过一段失败的婚姻，你不知道，偏要问人家夫人怎么样，孩子怎么样，这就不合适了。比如他父亲刚刚去世了，你还问老人家怎么样。受访者有什么忌讳，也是在进入现场之前打听得越详细越好。

是否应该事先把好多问题写得更详细，这与事先准备并不矛盾，因为我说的更多是相关的信息。这些相关信息包括两方面。一方面是大的背景，包括专业知识，也包括对非遗的了解，这就是大背景。小的背景，就是要采访的这个人，要尽可能多地了解他的信息。有一些信息忘了可能影响不大，比如说忘了查他是哪年生的，到了现场再问也不至于得罪他，即使知道了也可以问。可是有些问题如果事先不知道可能会造成麻烦，譬如我刚才说的，脾气怎么样，这很重要，有的人是惹不起的，有的人是惹得起的。有的人脾气特别好，比较耐心，访谈时就可以从容一点，可以不着急，慢慢问；有些人脾气坏，得知道哪些事情不能说。有些人扯起来没完，而且忽悠起人来控制不了，事先就得有一些准备，得想想到什么时候要怎么控制他，有这根弦和没有这根弦就不一样。当然了，我虽然这么说，但我也没办法具体告诉你们，对每个人应该怎么应对。口述的一个最大特点，就是每个人和每个人都不一样，每一次现场的感觉和结果都不一样，只能够靠自己去体会。

是否写很详细的提纲，这个是因人而异，因场合而异的，不一定要限制得那么严格，限制得太严格了，倒反而容易失败。为什么这么说呢？譬如有电视台的人来采访过我，让我讲一讲清宫的宫女怎么样，太监怎么样，因为我写过一本关于满族妇女生活和婚姻的书。但我对他们要我讲的宫女、太监没兴趣，我说我做的是妇女史，不是宫女史。但这与他的采访提纲不同，他不听了，这就很难交流。你既然不爱听，我也没有兴趣说了，这种情况也很多。所以事先不要给自己一个预设。我说的案头是尽量了解对方的情况，而不是说事先要做很多的预设，然后拿着这个预设去问人家。

有些记者愿意做预设，因为记者跟我们做口述史的不一样。新闻采访的一个特点就是时效性，这个时效性太要紧了。记者做的就是这一段，这一段必须要在哪天做出来，所以他会着急，他一着急就单刀直入。我就设计了这几个问题，到了这儿您最好立刻回答我，您回答不出来我就只好追着让您回答。这个预设，应该是比较平庸的，因为先在自己脑子里想好了，被采访者给答案就好，那么他想好的东西是大家都在说的一般化的东西，他从书里就这么看的，不是从生活中来的，尤其不是从具体某个被访人那儿来的，所以就发现不了对方的亮点、对方独特的东西。就是说我们要了解将要采访的这个人，要了解他个人的东西，而不是大家都知道的、一般化的东西，如果事先都知道了，那还去找他干吗？找书就可以找到，或者原来有很多的介绍都可以查到，还有什么必要再去问这个人呢？

再去问这个人，要知道什么呢？要问的，是这个人在做非遗的时候，有过什么样的经历，他为什么就比别人做得好，为什么传承人是他而不是别人，而他成为传承人以后，又怎么把这项遗产做出他的特色，等等。要问的是这些问题，而不是大家都知道的。如果事先就有了预设，只是找他要答案，这采访本身就没有意义了。这是我今天要讲的中心。

下面再讲讲访谈现场。访谈现场可能是大家觉得最困难的问题。其实访谈做多了以后，会觉得访谈现场反而不是最难的。进入访谈现场，从一开始就是双方的互动，不能光你问，也不能光他讲，光他讲你就是听，只带着耳朵，这不是访谈，不是口述。很多人说访谈多容易啊，谁都可以做，他爱讲什么就讲什么，我就管记录。这不是访谈。其实对于访谈者来说，访谈是你和被访者共同创作、共同创新的一个作品。你必须得有这样的意识，就是你和他必须有面对面的交流。我自己的体会，这是一个很紧张的场合，到现在为止我做了20多年的口述，可是我进入现场，面对一个陌生人的时候还会紧张，为什么呢？因为预料不到会遇到什么样的情况，也预料不到你哪一句话说出来效果会是什么样，你不可能舒舒服服地坐在那儿："你想说什么你就说吧，我听着。"

这个时候有两点希望大家能够抓住。首先，进入现场以后，一定要放松，心里紧张那是没办法的事，可是态度上一定要放松。比如说进入现场了，我们面对的大都是年纪比较大的人，而你们都很年轻，是吧？那你进入以后，大爷也好，叔叔也好，爷爷也好，咱们先聊聊家常，这个聊家常就是一种随机应变。比如我是一个女人，我面对的如果是一位老太太，我可以找一些女人共同的话题。"阿姨，您今年有多大岁数了？""我今年八十多了。""哎呀看不出来，您看起来真年轻。"这一类的话你得会说，不能愣冲冲地就冲上去，说我们今天做个访谈，把录音笔一放："我们谈谈。第一个问题是……"那样的话，访谈就很难进行下去了。所以，你要想办法找到一些双方可以共同进入的话题。还有一种方式：您住在这个地方是某某厂子吧？我原来有一个朋友也在这厂子待过，是哪个哪个车间，您认识吗？他如果说那谁谁谁啊，原来都认识啊，这样距离就拉近了。这也是一个比较容易进入的方式，这就得靠随机应变了。这靠的就是生活经验、人脉关系，反正越是能找到与被访者有共同点的东西，就越容易放松。他也放松，你也放松，这样谈话就容易进入。当然了，年龄大的人经验比较多一点，但也不是说年轻人就做不到，年轻人也可以问啊，您是什么地方的人，您从什么地方来的，我们家谁谁谁就在那儿，怎么怎么样，总之就是拉近乎，这个拉近乎不是很无聊的东西，而是使双方放松。

第二要特别注意的是，访谈时精力一定要集中。我发现年纪大的人很多能做到，反而是年轻人的问题比较突出。我是从我一些学生做口述时发现的。为什么很多年轻人做不到这一点呢？就是因为不会听人讲话。咱们平常说的会听人讲话，讲的是听锣听音，听话听声。可是很多年轻人没有太多的生活经验，有些人还有一个毛病，就是不听人讲话。当老师的人都有体会，有时候讲课讲了半天，讲的重点就是这个，问大家还有问题没有，底下有一位站起来了，问的就是老师刚才讲了半天的问题，等于他什么都没听到。这种人是做不了口述的，因为他不会听。做口述最关键的还是在现场，在现场的关键就是要会听，你得懂得他说的话是什么意思，他说的是反话，你别当成正话。这个要靠慢慢地训练，同时精力要特别集中。千万别想着反正有录音笔，人家在说，你却思想开小差想别的去了，人家讲了半天，停顿了，讲完了，你还没觉察，这样是非常影响效果的。

还有就是在有些场合你得装傻。这个装傻是什么意思？就是明知故问。举个例子说吧，很多年前我跟北京民委的一位老先生到北京郊区做满族的社会历史调查，与当地满族老人聊起来。那些老人提到，说他们都是内三旗的，跟外八旗不一样。大家知道吗，八旗分为内务府三旗和外八旗，内务府三旗是专给皇上服务的机构。我是学清史的，当然知道内三旗是什么，但是我故意问问这些老人，想知道他们怎么理解这个词。跟我一块儿去的这位民委的老先生就说："亏你还是博士毕业的，连什么叫内三旗都不懂，别问了，回头我给你讲吧。"这样一来，当地老人就不讲了，我当然非常蹿火了。还有，我接着问了另一个问题，就是当地老人说这里有一个包衣坟，我问他们什么叫"包衣坟"。我当然知道什么是"包衣"了，为什么知道还要问呢？是因为我想知道他们当地人现在对"包衣"是怎么理解的，对内三旗是怎么理解的，是否还知道这些词汇原来的意思，这对我来说，是做这项田野调查非常关键的问题。可是这位民委的老先生又打断我，说："连包衣坟是什么你也不懂，真糟糕，你这博士念的，回头我问你们老师去。"我就气得没办法，因为这个调查简直就没法做下去。我这里举这个例子，是什么意思呢？就是说有一些问题，一些很关键的词汇，你即使明白是什么意思，你也应该装傻，装不知道，再问问他，听他的解释，只有这样你才能明白他说的是对还是不对，他是怎么理解这个概念、这个问题的。所以我们在做口述的时候，不要因为你都知道，就不问了，这是做口述很关键的问题。

我还可以讲得更具体一点。我刚才说了，做口述的时候要会听，听受访人讲的时候，思想要高度集中。我们一般提问的时候都有一定之规，譬如一进入现场，对这个被访的人，要先问一问他是从哪儿来的，就是说祖上是从什么地方迁到这里来的，在这里住了多少代，爷爷、父亲、母亲都是做什么的，家里有多少口人，等等。哪怕我要访谈的内容不是这些，哪怕这些与我要知道的东西无关，也都可以从这里进入。了解了这些内容，然后再把话题引到你关心的问题上：师傅是谁？几岁开始学徒？学徒的时候先做什么？他也许说我整天就给那个师傅倒尿盆，那你也得听，你觉得这倒尿盆与你想问的问题没关系，你难道就不问了吗？不能这样。然后再问当了多少年学徒？您只是觉得苦，还是学到了好多东西？您师傅的特长是什么？他教您东西是比一般的师傅多还是比一般师傅少？他比别的师傅厉害还是他没有别的师傅厉害？您能学到东西是因为他对您特别好，还是因为他对您特别严厉，您因此就特别努力？您学习的时候离家近不近？是不是常回家？您吃得怎么样？这些东西看似很琐碎，可是都是应该具体去了解的。

有一个词不知道大家能不能做到，就是做口述的时候应该对自己有一个要求，叫抓亮点，要学会抓亮点。这是什么意思呢？我听他讲的时候，要高度地集中注意力，抓住他讲的内容里特别有意思的那些点。我给大家举个例子来讲这个问题吧。我访问过一个有"民俗大师"称号的人，名叫常人春。他写了23本书，大量写北京旧日的风俗，讲北京的红白喜事，讲北京的葬俗，讲北京道教的火神庙等等。常人春在北京很有名，去年才去世的。为他做口述的人是相当多，我也去为他做过，他说他愿意跟我说话。我问他为什么那么多人采访他，好多内容他却从来没有对他们讲过，他说因为他们来了以后，单刀直入地就问烧活怎么糊，我就给他们讲烧活怎么糊，讲完糊烧活，人家一抬屁股就走了，再也不来了，因为他们只关心这个。糊烧活大家不懂吧？就是旧日人死之后，要用纸啊、秫秸秆啊，糊些死人在阴间用得着的东西。譬如糊一个纸房子，让人死了以后在阴间也有房子住；糊一个纸人纸马，让死人在阴间有人替他赶车骑马，这种技艺就叫糊烧活。这活儿现在也有人做，不过发展得现代多了，有糊桑塔纳的，也有糊最高级的名牌车，叫玛莎拉蒂的。或者就是向他请教，问旧日葬俗中的八抬大轿是怎么回事，丧歌怎么唱。他说他给他们讲，给他们唱，讲完、唱完人家扭头就走了，人家没有耐心来听他废话。可是我说没关系，您就讲吧，我有耐心，我慢慢听。所以他给我讲了他幼年时候的生活，讲到他的祖父，他的父亲，一直讲到后来他的许多经历。这些经历特别复杂，特别有趣，没有耐心听他讲，就听不到这些故事。

也许有人会问，你问到这些又有什么意思呢？我觉得有意思，因为我做的是一个人的生命史。此外，我在听他讲的过程中还发现了一个我自己特别感兴趣的问题，就是他祖父那个时候忽然发了财，起因是入了一种当时在北京很流行的民间宗教，并因此结交了一些军阀和社会名流。他之所以知道那么多的民间礼俗，是因为这些礼俗与这种民间宗教有着密切关系，有些就是这种宗教的仪式。这就是我找到的一个亮点。因为我发现这个亮点以后，就能够顺藤摸瓜地了解他所讲的那些礼俗的性质和作用，以及这些东西在当时北京社会的影响。其实所谓民俗，也都是分社会阶层、分不同人群的。我前面谈到南营房，南营房有个穷旗人，他为了糊口也做过道士，做过和尚，但他吹的曲和常人吹的曲就不一样。葬俗也好，婚俗也好，遵循的规矩也有区别。区别在哪儿？社会地位不一样，所属的人群不一样。通过这样做口述，我能了解到很多在一般介绍性的书本和研究里看不到的东西，对北京民俗的了解也具体和深入了很多。

由于时间关系，这个例子举得太匆忙。总之，我要说的就是，第一进入现场时要放松。第二要全力以赴、全神贯注地去听被访人讲述，不能够着急。我今天就想知道纸人纸马是怎么糊的，你给我讲得越详细越好，是用糨糊还是用胶水，糊完了怎么晾干，这些当然也要说。可是与此同时，我还需要了解，做这个活计的是一个人，这是个什么人，他是怎么做这个活计的。脑子里要有这根弦，这样才能够把这个访谈做好。

回过头来再补充一下。我说进入现场时要放松，此外你要注意他最感兴趣的是什么，要以人家为主，看他能聊出什么来。咱们做口述，最担心的一个问题就是怕冷场，只要做过口述的人就有这个体会。你问他半天，他回答不了几句话，他说不出东西来，这个是特别难受的。所以你事先知道的东西越多，就越不容易聊冷场。还有就是你提的有些问题，不太容易冷场，只要他答应给你做口述了，他就会愿意回答。什么问题呢？比如你们家是从哪里到这儿来的，他不会不跟你说，顶多说他不知道。那你父亲有几个孩子，这他不会不知道吧，这种问题不会冷场对不对。你这样慢慢地问着，不要着急，你跟他聊天聊得越近乎，越不容易冷场。如果遇到冷场了，你得想办法转移话题。可是还有的时候，怎么问都问不出东西来，那也没有办法，这与你找的对象有关系。

我最早做口述访谈，做的是旗人妇女，就是满族妇女。满族妇女有一个特点，就是性格大方爽朗，特别能说。北大有个教授就问我，说你访的这些旗人妇女怎么个个都出口成章的。她说她到陕北跟陕北妇女聊天，就很难聊下去。

这就是访谈对象的问题了。当然为非遗传承人做口述，应该不存在冷场问题，因为他们都是有传承的、有技术的、有本事的人。你访他时如果冷场，是因为你没有把他的兴致和话题引发出来。所以多做点准备，让他跟你有共同的话题，谈话就会顺利得多。另外刚才说了，有时候明知故问也是必要的，但你也不能太傻。我记得有一个年轻人去为某老人做口述，到那里一问三不知，人家提到什么他都不知道，老人家就发火了："什么都不知道，你来干什么？"当然这时候你也可以想些办法，他责怪你什么都不知道的时候，你可以解释，说我其实知道，只是与您的理解可能不是一回事，等等，为的是把话题继续下去。总之，你自己懂的东西越多越好，你跟他能够找到的共同点越多越好，你听他讲话的时候，能抓住的亮点越准确、越有意思越好，这样你才能够把这个传承人的口述做成功。我说的是这个人，不是这个手艺，这个手艺可能不是通过口述来做。这个就是我说的第二个问题。

下面讲第三个问题，就是最后的成果。后续访谈实际上也是很关键、很重要的一个学问。就是做了第一次访谈之后，不管成功不成功，拿回录音来了，拿回录像来了，这并不是工作的结束，还必须得再做一个工作，要再听，然后或者把它转成文字，或者把这个录像放出来。咱们不是都有一个工作组么，大家一块儿看，然后一块儿讨论，讨论什么呢？首先，这个录音的哪些地方有问题、有漏洞，跟我原先看到的书或者介绍不一样，是初访者自己说错了，还是原来的介绍错了，这是必须要找到的，必要时要回过头来找他核对。第二个，我当时没听清楚，他提到的那个地名、人名我不知道，我回来在书上、在百度上也查不到，那我只好回去再问。这是一种技术性的工作，但特别重要。现在好多人不注意做这个。还有一个，几个人坐在一起讨论，有人提出来了，说这个访谈里边啊，有些地方我觉得是亮点，还可以深入发掘，咱们商量商量，看看是不是补访。大家说对，说这个问题真的是太有意思了，原来咱们忽略了，现在他讲出来了，那只能再去做第二次、第三次甚至多次访谈。如果被访者提到某种实物，还需要拿着实物看；如果他讲的是某种建筑上的构件，还要请他与你一起去建筑所在地。这些工作确实特累、特烦，有时候真不想去，但是也得去，因为这是工作。做口述的时候，这一步是应该做到的。这是一方面。

还有一方面，北大社会学系有个教授也做口述，他出了一本书，其中有一段话我很赞成。他说去做口述，第一次去其实只是个试探，互相都是试探，你不知道对方怎么回事，对方也不知道你怎么回事。真正想做好必须再去，什么叫一回生二回熟呢？你去第二次、第三次，时间长了，也许就成为朋友了。我自己有一个感觉，我为上百个人做过口述，有些人我并不喜欢，对有些人我甚至还有些烦。当然对我来说，真太烦的人你可以不做，但你们是有任务的，你们必须得做这个传承人不可，他可以说讨厌你，那你们可以换个人来，但你尽量要别让他讨厌。而你自己的好恶也只好自己克服了，没有别的办法。到第二次访谈的时候，最好还是把感情加深一些，这是必要的，所以，怎么能交上朋友，也需要下功夫去琢磨。

最后再补充几句，美国有一个社会学家叫阎云翔，得过美国学界的列文森奖①。关于口述，他曾讲了一段话，我很赞同。他说做口述，调查型记者的访谈比我们要做得好得多。我们在什么情况下能够比一个记者做得更出色呢？就在于访谈之外的那些学科训练。首先就是我刚才说到的，我们访谈之前的准备，跟记者的准备不一样；其次就是深入访谈，比起记者，我们有更充裕的时间和条件，可以一次再次地去做。同时，还可以用其他的方式为你的口述做补充，做核对，譬如人类学家做的田野工作。如果是我们史学家，那就是用校勘的方式。校勘的方式一种叫自校，就是看被访者第一次说的跟第二次说的是不是一样，这挺有意思的。另外一种叫他校，通过别人的话来核实。一个事情，他这样说，那他师傅又怎么说，他师弟又怎么说，他妻子又怎么说，还有其他目击者又怎么说，拿这些来做比较。至于传承人的口述，我认为还是不要做一次为止。譬如说，问着问着冷场了，问不下去了，就别勉强问了，两个人都干坐着，你看我我看你多尴尬啊，那就先回去。你说，"叔叔，今天您也辛苦了，您先歇着，我过几天再来。"过几天你就有准备了，你可以跟大家商量，我问不下去了，应该怎么办呢？肯定会有人愿意帮你，给你出个主意，你自己也可以好好想想，下一步怎么办，想出主意来，下次再去。他也不好意思第二次还什么也不对你讲。甚至还有办法，譬如你问洗手间在哪儿，我先去趟洗手间，这样你出去一趟，一会儿再回来，话题也许就续上了。如果回来还续不上，那今天就这样吧，过两天您什么时候有时间我再来，这也是一种。反正就是你得想法让自己转圜。今天我只做了20分钟做不下去，没有关系，我再来，

---

① 列文森奖，又名李文森奖，全称列文森中国研究书籍奖，是美国亚洲研究协会为纪念中国近代史研究巨擘加州大学伯克利分校教授 Joseph R. Levenson（1920—1969）而设立的，奖励在美国出版的对中国历史、文化、社会、政治、经济等方面研究做出突出贡献的学术著作，从1987年开始颁发，每年颁发给两部（早年曾颁发过三部）著作。

我来第二次，我又做 20 分钟。在这个间隙，你就可以跟大家一起商量。不过这些传承人，他们肯定有东西，就是看你能不能把他的谈兴引导出来，如果这样引导不出来，可以想一个办法从另一个角度，用另一种方式引导。如果他讲的东西与事实相差太远，你可以用各种方式核对。

还有一种情况，就是有些被访者，让他讲多少遍，都是那一套，他早就背好了。尤其是有些传承人，是大名人，他的好多事迹被反复宣传，早已经有了固定模式，他知道怎么对付媒体。那你就只好到此为止了，因为你再让他讲，他还是背那一套，那你只能回来与大家一块儿商量，因为你在现场有的时候一下子反应不会那么快，然后你再看有关他的材料，想想能不能找到突破口。

（谢忠军整理）

罗红光

# 非物质文化遗产保护田野工作的理论与方法

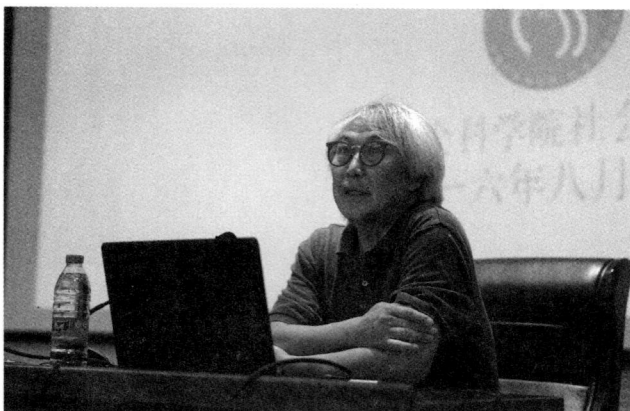

　　罗红光（1957—），中国社会科学院社会学研究所研究员、博士生导师。现任中国社会学会科学社会学专业委员会常务副理事长、影视人类学专业委员会常务理事、中日社会学专业委员会会长。1994 年获得日本大阪大学博士学位。专著有：《不等价交换》（浙江人民出版社，2000）、《人类学》（中国社会科学出版社，2014）等。论文有：《"家庭福利"文化与中国福利制度建设》（《社会学研究》，2013 年第 3 期）、《结构生成》（《民族研究》，2014 年 3 期）、《当代中国影像民族志》（《民族研究》，2015 年第 4 期）等。专题片有：《一个村级养老院的院墙内外》（社会科学文献出版社，2013）、《学者对谈》（社会科学文献出版社，2013—2015）等。

　　在田野里有很多东西，大家一定不陌生。但是田野里的东西与我们的学术、与我们当下非物质文化遗产的关系，我觉得通过我的梳理，我们可能会产生一些共鸣，这是我的期待。

　　我们先说非物质文化遗产。非遗有一个具体的存在空间。在一个社区，不管是城市社区还是农村社区，都有一群人在维护着这样一种东西。信仰也好，舞蹈也好，歌曲也好，这样的东西就构成了一种祖祖辈辈传下来的认同，构成了集体意识、集体记忆，或者说文化认同。这就形成了非遗在保护过程中面对的两个问题：一是呈现，二是保护，这也是非物质文化遗产保护工作的核心定位。

　　我们为什么要开展非物质文化遗产抢救性保护工程，还有一个原因，那就是很多人类的智慧随着时间的流逝会逐渐淡化。我们在当下要把它记录下来，要对子孙负责。如果现在不做，将来就可能出现当下已经感受到的很多问题。比方说我们的礼乐，要去韩国学，它不在山东。但是，祖宗在这儿呢！结果我们要恢复它，还得到韩国去学。还有很多，像文字、中药、书法等等，可能要去日本、新加坡学。

　　当然我们说的东亚，历史上是一个文化交融非常悠久的地域，有很多东西存留下来，没有像我们一样被那么多的政治运动破坏掉，包括记忆可能也成为片段了。我们把周边这几个国家叫作"汉字文化圈"，也可以说"儒家思想圈"。中、日、韩这三个国家都在里面，原来还有越南、新加坡，都应该算在内。我们要找回祖先的一些东西，需要到邻国去找。我们本土的东西，被遗忘了，被遗弃了，甚至被人为破坏掉了，现在我们的工作就是把它找回来、记录下来。这不仅是对当下负责，还要把它作为一种未来的科学。有一种科学是为未来负责的，可能几千年以后，大家的工作就体现出价值了。

　　非物质文化遗产里有一个核心概念——文化。什么是文化？或者什么是社会？这样的问题给人感觉文化太宽泛了，各种解答都会有。有的指形式上的，比如舞蹈当然是文化了，文字肯定也是文化，信仰也是文化，给人感觉好像什么都是文化。但文化可虚可实，可大可小。像这种看不见、摸不着的东西，怎么去给它界定，怎么给它划边界呢？比方说经济，可以很清楚地给它划一个边界，利益的群体就构成一个利益共同体，这时候经济边界很清楚。计划也好、管理也好，或者是发展它也好，都比较清晰。

在我的《人类学》书里，我给文化下了个定义。另外，现在我在给有关工具书写词条，是人类学这部分的写作者之一。词条很考人，一个词的解释大概在三百个字以内。你不能说它不是什么。"不是"可以有成千上万，但文化是什么，只有一个答案。我们讲科学定义的时候，不允许有歧义，它只有一个答案。文化也是这样，首先它是人为的，它不是生物的，它不是天生的。

人类这一物种，他可以创造符号。现在我跟大家沟通，是通过汉语这样一套符号系统和语法。人类创造了这样一套符号系统。我刚才讲的"汉字文化圈"，它也是符号系统之一，它对这几个国家产生了影响。人类创造这个符号系统实现了什么呢？或者他的目标是什么呢？它实现了人和人、人和自然之间的沟通。人和人、人和自然沟通之后，会产生一些概念，或者派生出来一些新的概念，或者叫作词汇。人和词汇、和这个概念也会产生关系，我们就把它叫作人与观念之间的意义系统。注意它是个系统，它一定是在系统中定位。所以我们讲话，都得有主谓宾，它就是一个系统，也是一个结构关系。我们讲非遗，就必须在非遗这个话语系统里说话，我不去说经济学的，我是在这个系统里讲话的，大家就可以互动、可以理解。我们说文化是人创造的，是人与人、人与自然、人与观念这三种关系的一个意义系统。

我们还可以举一些例子，一个最典型的例子就是语言。语言是人创造的，不管它是英语、法语。创造语言之后，人类因此扩大了自我。小孩，他一岁、两岁、三岁长大，他的沟通能力逐年增长。你就可以发现，实际上人在掌握语言的同时，他自己原来是一个小我，很小的一个我，他说话的范围可能就这么大。随着他语言能力的增强，他沟通的范围扩大了，沟通的质量加深了，当然他的理解力、他的记忆力，都在发挥作用。

人类发明了语言这个东西，看不见，摸不着，只能靠我们的视觉、听觉和其他的一些感官来捕捉它的意思，这就是文化在语言上的表现。语言是一个文化现象。语言就构成了文化的多样性，是诸多系统中的一个组成部分。各种语言有它自己的一套语法、章法，你得按套路出牌，否则就语无伦次了。所以，我们的非遗保护为什么要用口述？就是因为口述里面有它的一套章法，有一套语言系统。语言系统里有意义系统在后面支撑着，所以才能够被理解、被记忆、被传承。

产生了文化以后又会怎样呢？我们还拿语言做例子。人类发明了语言之后，又被语言"奴役"。什么意思？我们必须按照语言的约定俗成去说话。人类发明了对自己有意义的东西，但是反过来，人被语言约束、规范化了。语言有这种力量。我们将它上升到文化，文化就有一种力的能量。我们可能习惯于把一种文化理解成可视的、现象上的一种东西，比方说物质文化遗产。实际上，尽管文化可能凝聚人，但它没有那么和平。因为你拥有了共同的文化，它就会起到团结人、组织人的效果。文化也有一个边界，如果他不是这个文化群体的人，不是我这个文化的人，我可以排他。文化有这么一层力学的关系，不像我们所想象的，文化就是美好的、有亲和力的。

文化有两个方向的力量。一个是我们说的传承，这个大家都习以为常了，可能都意识不到了。如果是非物质文化遗产，它有师承制度，传男不传女等等，有一些规矩。这个传承，它是很刚性的。这个力量很像亲属制度。家里面姓罗，这个罗姓一直往下走多少代。这就是我们说的文化现象，它有传承的力量。如果把它阻断了，文化的力量就会变成一种冲突表现出来。如果你很好地维护文化，让它能够正常地、和谐地往下走，它可能就会健康，越来越壮大。为什么要保护文化遗产呢？也是因为它有这种力量，所以我们要传承这样的文化，要保护这样的文化。否则可能有一类群体，有一方土，你可能就安抚不了，它很可能变成一种对抗性力量来跟你抗衡。常见的就是两国之间交战的时候，一方奴役另一方，当地文化肯定首当其冲地要被摧毁，就是这个情况。文化不能没有，虽然它不当吃不当喝，但它是精神食粮。

文化还有一个力量就是传播，即一种文化影响另一种文化。文化的传承与传播代表了两个方向，如果认同，它则凝聚人；不认同，它则表现出排他性（图1）。所以文化的传承与传播这两个力量，实际上在整个过程中构成了文化的两个动力，比方说考古学，挖掘一个东西以后，人们会从传承角度、从传播角度来看，这个图案是哪来的，是什么脉络里的图案，等等。歌曲也是，它为什么是五音，而不是现在的七音？它里面一定有传承和传播两个力量在起作用。调研的时候，我们也会注意到这两个方向的沟通，广义上把它叫作沟通。这两个力量如果处理不好，文化就会变成一种抗拒的力量。一方面，他认为你破坏了我的文化；另一方面，他认为你这是文化侵略。所以传承、传播在文化问题上，并不是大家想的那么安静，也不是那么美好，处理不好，就是欲速则不达。

# 文化的力学原理

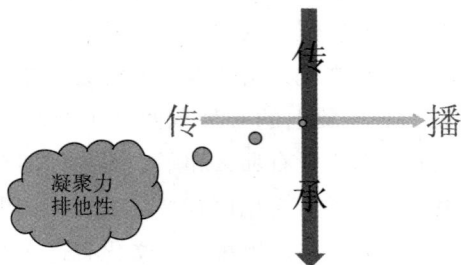

图1　文化的力学原理

至于非遗，我们先给它做几个界定：它有地方性。我们说一方水土养一方人，就是这个意思。非遗，因为它就是在那个地方发生的，在那个地方传承的，它有可能放射、传播到别的地方。在"发生"这个方面，它有它的本土性。在调研的时候，我们一般会注意它是哪里来的，是祖上传下来的，还是外面传过来的？我们会注意那两个力量。地方性靠语言来表述，所以它的空间是被当地的方言所表述的，因此你换一个地方，或者你把它翻译成其他文化的语言，特别难。你能感觉到它的寓意，但是很好地把它翻成英文，或者翻成普通话，就会感觉少点什么，就是因为它的地方性太强了。

打个比方，像中国人爱讲"关系"。"关系"这个词，搞人类学研究的人，在研究"关系"的时候，就发现"关系"在中国人的人际交往中是非常核心的东西。怎么把它翻译成英文？relationship，有这么一个词，最后就觉得还是不够。relationship不能表现中国人的情感、情绪等那种深层的感觉，但实际上，人和人之间很复杂。干脆最后就把"关系"这个词变成一个英文，就放在词条里面了。现在大家如果要说"关系"一词，英文里面也直接说 guanxi，写个斜体"关系"，不用英文的 relationship。这就是文化的力量，它有些地方是不译了，它的地方性已经到了非它莫属了。这时候我们就只能照搬，全面理解它，尊重它。当地方言就是这么说的，如果用普通话，可能更多的人能理解，但是把它转译成普通话以后，可能就会有损失。为了保持它的本真那部分，可能顶多加一个注，前面我们还是要把它的原来的说法表述出来。这就是我们说的尊重地方性。地方性有它的空间，也有拥有它、使用它的群体。传承人实际上就是存在于具体空间里的。

非遗有历史性，时间表现了它的历史线索。我们知道，非遗很多情况下是通过口述的方式得以传承。比方说我在广西大瑶山做调研的时候，他们那个地方实际上没有自己的文字，但是家谱怎么办呢？口述！你到大瑶山的六巷乡里，如果有机会去看，你们就会发现，那儿的老人都像唱歌一样，把他的族谱倒背如流。有一个很厉害的老人（很遗憾，他去年去世了），他能背几十代。但我看了一下那个家谱的名字都像诗歌，诗歌里面的某个字被提出使用，就跟汉人辈分歌的辈字一样。但是它都是一个字、一个字的表述，这是这辈、那是那辈，他们是这样分类的。这是父系制度的一个案例。当然我们中国还有母系这样的说法，关于它们的传承是靠口述来完成的，相当于你要到汉人的社区里看的时候，做得比较好的，他可能有本子一样的家谱。当你翻开以后，一表三千里，五服、亲属称谓等等，记录得非常详细。这是渗透在中国人血脉里的传统，而且是世界上最为发达的亲属制度。这种非物质文化不被意识，但它无处不在，时时刻刻地影响着人们的思维习惯和行为方式。打个比方，我们的邻国，像日本，爷爷辈是一个称呼，叔叔辈也是一个称呼。我们还得区分舅舅、伯伯等等，日本就不这样。大家就可以想象，他们可能原来是一个大家族，同辈一个称呼的习俗，司空见惯到不被意识。虽同属儒家文化，但这一点日本与中国截然不同。历史性，它通过这样的口传，或者通过文字体现出来。大家将来做调研的时候，也要注意当地人通过仪式活动传承文化的现象。因为仪式是历史传承下来的，不应该是新生的东西。

非遗有艺术性。艺术性里面会涉及诗的韵，还有方言的声调，当然还有民歌、舞蹈，这些都会呈现出一种当地文化的美学。我们一般在做调研时，要求自己学会当地的语言，在同一个语境里才有可能做得比较贴切。要用普通话去做，就会出现我刚才说的"关系"那个寓意的损失，资料的可信度、真实性都会有所损失。如果与当地人一起来做，这样会相对保证田野工作的质量，不会因为你的普通话，或者因为居高临下的态度问题，导致有些东西走样。这就是我们讲的艺术性，它不能单纯依靠科学理性来再现。

非遗有它的科学性。从非遗反映的内容，可以看出它们与人、与自然、与具体事项之间的关系。可以对非遗做一个很好的分类，诸如这属于英雄史诗、那属于神话等等。神话里面，这个神和那个神之间什么关系，他们都会有一个很清晰的关系。我们把这个叫作经验科学。我们做科研的时候，有很多基础研究、最原始的研究都属于关于经验的研究。我们通常从里面提炼出问题意识，通过适当的，甚至可以量化的方法，给它处理成一种一般化的理解。

在农村，千万不要因为村民没有什么学历，就认为他们没有文化。他们实际上是文化的真正创造者和主宰者。我们是学生，你学历再高，你到农村去，你一定要谦卑地像学生一样跟他们学习，这种姿态才可以获得信任，提高田野工作的质量。

这里有一个案例。有时候，我们下乡时会被这样问："你们来做什么了？"他们好奇地问我们。我们回答说："我们来研究你们的文化。"你猜他们怎么回答？他们会说："我们哪有文化！"你看，他说的文化，指的是国家教育里的那个所谓的学历，所谓的那个知识。他们说的是精英文化，我们哪里有你们那个精英文化？所以"没有知识就等于没有文化"这一判断就是在这样一种误解中成立了。事实上他们并没有理解我们所说的文化，那种孕育了数千年的草根社会里的文化。我们的对话牛头不对马嘴。我们在调研的时候就会注意这些误解。

什么是田野里的经验科学？什么是我们所说的理性科学？要把两者做一个区分，不要因为他那个是神话，不存在，是唯心论的，就一句话给他否了。中国比较特殊，因为我们的意识形态可能对神话、宗教保持一定距离。实际上，这是人类的一个关于信仰的普遍现象。人都有信仰这件事儿。对自己克服不了的，人们都会用一种寄托的方式来表述，让自己的心灵得以抚慰，或者从涅槃中得以解脱，获得重生的希望。还有一点很重要，人们并没有活在科学里。我相信在座的各位，包括我自己，我们的日常生活，有那么一部分是科学的，但有相当一部分是非理性、非科学的，是很人性的、情感的、审美的，是非理性的。你怎么知道我现在就要去那里呢？类似这种，都是一串串很偶然的事件拼接在一块，并构成了我们每天的日子。

文化是一个意义的系统，人们活在意义的系统里。对我们来说，意义可能是这个样子的，对讲神话的那些人，他的意义是那个样子的。他也是人，活在他的时间、空间和意义的世界里。我们不能因为我们是科学家，就简单否认、粗暴干涉。首先这种行为本身就不科学，你首先得研究，为什么人家几千年好好活过来了？你现在认为它不合适、不对，即便是科学，它也有传承和传播的，更何况人们生于斯、养于斯，祖祖辈辈传下来的生存智慧不值得尊重吗？

所以我们要以谦逊的态度去面对你的研究对象，这是我们讲的方法里的方法论。方法论讲究伦理，它要求人类学家尊重存活在地球上的每一种文化。到国外去更不用说。因为在国内容易居高临下，北京来的、大学来的，你们有知识，你们有文化，往往会一开始就造成一个不平等的对话氛围。我们下去尽量把这种不平等的氛围打消掉。你自己把架子放下来，自己变得本土一点。我们要学习当地的语言，一是沟通方便，另外也是融入他的文化社会，让人不会觉得你很陌生、很另类。这些都跟我们说的科学研究行为联系在一起。

还有一部分，作为方法论的伦理问题，我们需要注意的就是，不能一开始把这个不平等的关系拿到你的研究群体和研究过程中去，否则你所获得的资料质量就会受质疑。

我们在文化表达中，有一组大家一定接触过的关系，就是动和静的关系（图2）。在非物质文化遗产保护里，一个是表达，一个是保护。表达的前期工作是收集、采集。这个表达和保护，从如何呈现一种文化开始。到目前为止，比较常见的就是两类：一个是静态的，一个是动态的。现在因为新媒体的影响，表达已经非常发达，它势不可挡。科研管理部门也已经开始考虑将音频、视频、图片这三类成果作为一种特殊的科研成果。在历史上，音频、视频和图片是其他科研工作，如历史学、考古学等的一种附属工具，作为一种旁证、一种附属工具而存在的。但是，到了现在新媒体时代，音频、视频、图片具有自己独立的"人格"，不再附属于谁。有一张非洲难民的图片，非洲的粮食恐慌时代的照片，大家可以回想一下，一个小黑孩子坐在巨大的沙漠里，饥饿使他皮包骨，一只秃鹫就在他的身旁，等着这个孩子倒下去的那一刻。就是这么一

## 文化表达中动与静的关系

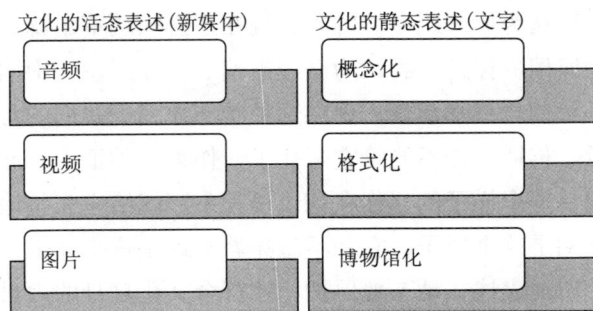

图2 文化表达中动与静的关系

张图片，没有任何文字的东西，它的震撼力远远超过一本书、一篇论文。所以，一张图片，它有独立的"人格"，不用任何语言，不用任何修饰。最近发生的"难民潮"，大家可能在电视里也看到了，一个小孩躺在海边，就是那么一张照片告诉人们，那里发生了怎样的人道主义危机。

我们习惯上把音频、视频和图片作为文字的附属工具，这个传统来自于考古学。因为考古挖掘文物，每挖一个，要照一个、画一个。现在更进步了，它甚至可以用3D技术来拍摄并保存。图片从考古这个意义上来说，就是考古学的一个工具——佐证。在非遗保护这个领域，如果用多媒体来表现时，应该知道，多媒体本身有它独立的"人格"。如果是图片，你要清楚用最少的文字，用图像本身打动人。包括影片，那么多的解说，那么多的旁白，搞的这个片子已经被文字替代了，甚至被另一种知识污染了。所以，也请大家注意，拍片子的时候要减少文字等额外的渲染，也许你的渲染本身就构成了篡改。当然，科研片例外。因科研片里，有科学家必须研究的内容以及拍片子的作者行为，里面有另外一套系统在起作用。所以它需要一些旁白、文字或者公式之类的内容，是两套话语系统，一套是文化拥有者的，另一套是研究者的话语系统在对话。

但是作为纪录片、非遗的专题片，尽量用行动者说话，让文化的拥有者呈现在他们的舞蹈里，表现在他们的诗歌里。字幕例外，因为你要翻译，人家唱的苗语你听不懂，必须得让人翻译。作为纪录片的采集人员，要是割舍或添加很多东西，没准你都是在一厢情愿地转换解释。我们说的影像的独立"人格"，表现在动态的文化和静态的表述这一关系的实践过程中。

这里需要注意的是，别把文化写死了。写死了，意味着句号，意味着不允许文化变化。如果认为原来跳草裙舞的，现在还必须跳草裙舞，别跟这时代有什么瓜葛，这种所谓的保护，我认为已经走偏了。如同说，中国人现在应该穿旗袍才对，可是我们自己都承认，现在这种状态才属于我们的常态。文化它在这个过程中传承、传播，你不能给它写死了。作为一种记录，此时此刻在这个空间，这个文化是这个样子的，你在记录过程中，就给它完整地、系统地记录下来。在此时此刻是这个样子，它并不意味着永远是这个样子，保护也不应该是让它不变。动态地表述、动态地保护，才符合文化自身的力量。这就要求我们文化工作者力争在日常生活中保护它，而不是剥夺它的话语权和语境，放在博物馆里"豢养"它。

我们在记录上强调 5 个 W。这里面有一个时间、空间问题。保护文化不是说我们回归到两千年以前的中国人，更不能用过去的文化来批判当下的文化有问题。这样做既不现实，也不符合文化的本质。我们现在活着，也是活在我们的意义系统里；两千年前的人，活在他的意义系统里。所以说，要把时间、空间这几个元素放进去，才让人觉得这个文化是一个活态的文化。有一些民族主义者，包括一些中国民族主义者在内，他们认为要保护文化，抵抗现代化进程，抵抗发展。我觉得这样做，实际上反倒是另一种意义上的不道德。人家本来要发展，你还不让人发展。当然，在发展的过程中，人们破坏了很多东西，也是有问题的。那是因为你不懂文化、不尊重文化，而导致了破坏。刻意地、人为地去破坏，这是我们当下面临的严重问题。比如说联合国认定的非物质文化遗产，商人使它过于商业化，改造之后变味儿了。我们讲的文化——活态的文化，一定要给它留出传承与传播的空间。文化是一种力，有传播、传承。爷爷要传给孙子，尽管他们有代际鸿沟，这个传承的力一定要写进去，这就是活态表述。

在研究文化的过程中有一些问题需要注意。一个是猎奇。这是人类学绝对反对的，但新闻记者不一定，新闻记者就要猎奇。有一个说辞，狗咬人不是新闻，人咬狗一定是个新闻。文化是活在人们的习惯中的，不是让你猎奇的。文化不是动物园的东西，拿来让人花钱观赏。真正具有生态意义的活态文化，不在博物馆里或者商业表演里，它活在人们的日常生活中。实际上文化司空见惯，你甚至感而不受、听而不觉。文化的奇妙就在于它在你的身体里，当你到了国外才会发现，所谓文化的日常性是因为你生在其中，处于无意识状态而已。猎奇是我们人类学研究中忌讳的事情，不能把它们当作一种商品或者一种奇葩展示。我们研究是要发现，在普通的生活中能够证明人类智慧真谛的东西，若能把它提炼出来，那是你的功夫。

研究非遗，归根结底还是要提炼出人类的生存智慧。与此同时，作为文化的拥有者，因为他生在其中而无意识，也就是说，他们对自己的文化司空见惯到无意识状态，当他接触到别人的文化时，他才能感觉到自己的文化。这叫作"他者如同镜子"，也就是让你看到他者的同时发现自我，所以古人说"他山之石"，其实意在自我。庄子说："非彼无我，非我无所取。"这里并不是他山本身，而是说因为我们的介入，让他们对自己的文化有了自觉或觉悟。

其二，杜撰，包括歪曲。因为有时候，自己无意间就会造成某种歪曲。主观上虽然不希望这样，但是客观上造成了歪曲的结果，这个是方法论里的伦理问题。

其三，作弄。做口述时要录音、拍片，他不可能因为你的工作需要给你办一个婚礼，搞一个葬礼。但是，作为仪式，它可能就那一次，你没赶上，那可能要再等一年。但是，如果人为地说，我是研究仪式的，你这儿有葬礼，你们摆好，我来拍一拍，这就是作弄。一旦研究者按照自己的意图作弄，就把整个文化给破坏了。最好的状态是在其自然的状态下，你的镜头跟进去，顺着它的语境脉络行动。

其四，单向。单向是什么意思？因为我们往往会出现一厢情愿地说一些话，做一些事儿。这时候，你的一厢情愿可能出于好意，但是那个时间、那个空间，是不是就合适做那样的事儿？接受方是不是真的就情愿？甚至配合你作假？不能按照你研究者的意图说，我们要开拍了，我们只有一天的时间，你必须怎么样，一厢情愿地去安排。包括写作、影像的后期制作在内，不能一厢情愿地去筛选。

非遗仍然是一个文化现象，它有自己的意义系统。到一个田野里，你会关注那里的人，当地人的生活，关注他们的家庭、信仰、自然环境等。就是因为发明了这样一些规则，我们进去的时候，就要看那些规则。当然你还可以延伸，比方说一个村落内的基本关系，然后进一步"顺藤摸瓜"，发现他们的信仰，甚至可以进一步将眼光向外延伸。图中的五角星（图3），实际上一直可以向外延伸，取决于你的研究课题。譬如"家"可以进一步分解成男女婚姻关系、代际关系、邻里关系；信仰可以进一步看它的系统内神的分类、信徒的分类等；生态，可以进一步分析山川、物产等。为什么这么做？因为当地人创造了一种规则，人和人的规则，人和自然的规则，这是他们创造的文化。这个规则本身，它决定你怎么样做事儿，怎么样做人。像这样一些规则，是在任何一个文化里都拥有的现象，用学术话语来讲，它叫"社会事实"。社会事实也是看不见、摸不着，但是能够通过参与、观察，感受到他们的世界有这样一种秩序。老人怎么走，小孩怎么做，那个就是他们的行为规则。人类发明了这样一种因文化而异的规则。还有一种规则就是"文化"的现象：怎么说话，信仰什么等等。

文化和社会这两个规范化的实体，在任何一个稳定的环境里，都客观存在着并影响着人们的做事和做人。所以我们进入一个环境，就要关注这两个规

记录框架
意义系统

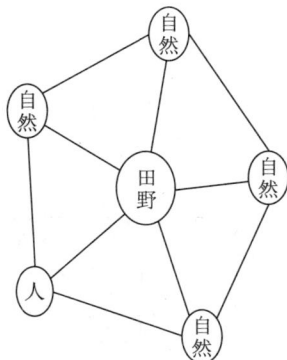

图 3　记录框架意义系统

规则
人类发明，人为的事实；
思维方式、行为习惯

社会事实(功能、结构)：规则之一
不等于"社会现象"。外在于个体的约束力，有结构，分析性概念。
行为习惯：通过关系结构，理解关系背后存在的行为规则。

文化事实(象征、价值观)：规则之二
不等于"文化现象"。规范人们表达与理解的规则，描述性概念。
思维方式：通过对传统习惯的分析，可以"看"到规则。

则。不过要注意，规则和法则不同。自然科学研究的是自然事物之间关系的法则，如太阳就必须从东边出来的客观事实等等。规则不是法则。规则它有时间、空间、地方性、历史性。我们研究的对象，实际上给我们展现的是一套由他们发明的行为规则，我们跟踪记录的，也是它的这种轨迹。我们不要把规则当作"铁律"一样的自然法则，不允许规则有变化，不能这样看社会事实和文化事实。因为代际之间就会有变化，虽然都是行为规则，但它与时俱进，其中最突出的一个现象，就是择偶。现在年轻人都在网上找对象，什么爸爸、妈妈说，不算数了，他自己为自己择偶，而不是为家族择偶。这就是文化在传承与传播之间关系上所发生的重大变化。80 后、90 后年轻人有他们自己的行为规则。

　　下面我们说一些操作性的内容。田野工作的程序（图4）有：第一，设计方案。我经常匿名评审设计报告。我发现一个现象：设计者在综述中说，关于某项研究张三、李四都做过了，但我的这个研究以往没有；还有一类，这个研究因为外国人研究了，因为不是中国人所做，所以它不可信，轻率地将前人的研究推翻了，以此想说明他自己的这项研究有多么重要。实际上在论证时，一定要站在人家原来的研究基础上，也就是站在巨人的肩膀上看当下的研究设计。当你严谨地梳理了以后，才能提炼出你的问题来，你的研究设计才能立得住、可信。而不是罗列一大堆，谁谁做了，而人家怎么做的、人家的焦点问题在哪儿，你都没梳理、论证。围绕具体的问题，你和前人的研究是不是有共鸣，或者有冲突，全然不顾，只是罗列了一大堆。感觉那是在网上查看的，不

57

是自己所做。像这样的课题设计，我们一般打分也会很低，因为他（她）没有给出可信的知识性劳动。

## ★ 田野工作的程序

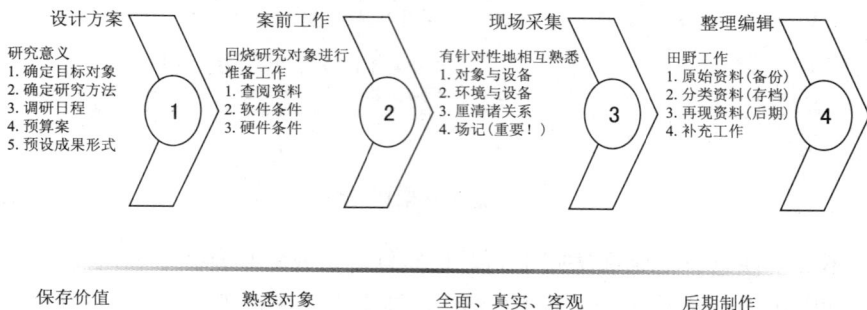

| 设计方案 | 案前工作 | 现场采集 | 整理编辑 |
|---|---|---|---|
| 研究意义<br>1.确定目标对象<br>2.确定研究方法<br>3.调研日程<br>4.预算案<br>5.预设成果形式 | 回绕研究对象进行准备工作<br>1.查阅资料<br>2.软件条件<br>3.硬件条件 | 有针对性地相互熟悉<br>1.对象与设备<br>2.环境与设备<br>3.厘清诸关系<br>4.场记(重要！) | 田野工作<br>1.原始资料(备份)<br>2.分类资料(存档)<br>3.再现资料(后期)<br>4.补充工作 |
| ① | ② | ③ | ④ |
| 保存价值 | 熟悉对象 | 全面、真实、客观 | 后期制作 |

图 4　田野工作的程序

进入田野之前要做文案工作，这是比较专业的要求。比方说，广西大瑶山里黄泥鼓舞的历史怎么样？首先查阅文献，整理一下当地的仪式、节日等资料，在这过程中，研究日程、研究问题也就清晰了。到现场以后，前期作业马上就会发挥作用，所以文案工作很重要。还有，录音机或者摄像机摆在人家面前，人家不习惯。随便拍别人，这在国外的话，会觉得你已经侵权了。在国外你要拍别人，先得征得对方的许可，我拍一张可以吗？这句话无论在餐馆，还是在朋友的聚会里，都要问。在农村，可能大家没有这个意识，就不问。实际上，你们的工作将来都会涉及版权，不管它是视频的、音频的，还是图片的，严格地讲都要有一个签字的授权书。否则将来审查时就不合格，我们要规范地去做。

设备和环境是不是协调，都需要提前踩点，提前到人家家里不时地抓拍，让对方习惯。另外，当地人对你很陌生，也不习惯面对镜头，说话会很紧张、做作。在这种情况下，建议大家尽量让镜头走进他们的生活环境，让对方觉得设备是你的一部分，让大家习惯了以后再正式开拍，而不是偷拍。有一次我带北大的研究生到陕北做口述研究，因为那里有很多老革命。这位研究生将录音笔装在了衣兜里进行访谈，结果他慌里慌张地回来了。他说："这次访谈没成功。"我问为什么？他说："他把我撵出来了！"我又问为什么？他说："我在访谈的过程中，不小心将录音笔给掉出来了，露馅儿了。结果人家看到录音笔，很不高兴，于是就把我撵了出来。"像这种情况，你提前就应该征求对方的意见。当然，这位研究生研究斗地主，老乡对"阶级斗争"很敏感。这位同学想简单了，实际上在调研过程中处处面对情感、信任、价值观等非理性的东西。拍摄工作更是这样。镜头往那一摆，吓得他说话不像自己了。

从项目的要求看，镜头、设备、采访对象的接受程度这些工作需要你做一个完整的记录，叫作"田野笔记"或者"场记"。比如要完整地记录一个秧歌，它在什么样的场合下跳，在什么样的规模下跳，关系到哪些因素、证据，都收集起来，最后作为原始资料进行存档。存档的资料是严谨的、完整的，要有编号，那是留给后人研究的依据。

再谈谈人民性。我举个例子，陕西有一个村因岐山臊子面而闻名。跟中国大多数村不一样的是，别的村年轻人都是往外跑，而这个村是外面人往村里跑，跟江苏华西村有点像。表面看这个村与普通村一样，但这里不是人口外流，而是吸引了大量的外乡人进入。因为臊子面有名，吸引了慕名而来搞配套的生意人，久而久之形成了逆向的人口流动现象。如果我们把臊子面本身看成非遗的话，完全可以看到它背后组织人力和劳动的功能。臊子面有传承、有技术、有传播，但它作为日常生活的一部分显得十分平常，无须"非遗化"。老百姓都说，我们家天天吃这个玩意儿，很普通。但是它能一事牵动全村，它有这样的魅力，并没有因闻名而脱离百姓日常生活。它不仅让全村可以凝聚起来，还可以把外面的人吸引进来，这就是我们所强调的面向人民的文化。我们要去发现这样的非物质文化遗产，要注意它的人民性。

非遗都与相关的物质发生关系。有些仪式、神话、英雄史诗和技术，它们不会停留在现象上的物质层面。非遗工作者一定要看后面的智慧和文化力量。这张图片是新疆生产建设兵团的劳动工具——犁（图5）。通过这把犁，我们可以领会到在荒无人烟的戈壁沙滩上开垦良田的人、社会组织和创造新文化的力量，就会知道我们说的地方性、历史性、时间性那些历史记忆。犁和戈壁的关系告诉我们，在社会进化论的思维里，农业要优于牧业，牧业优于采集。所以兵团进到新疆以后，通过农垦把荒地变成良田，让它有产值。这个工具给我们讲述的故事，是社会进化论在中国的一个版本。

**工具**

1. 农业（新疆生产建设兵团）
2. 支边
3. 社会进化论

空间

时间

意义

图5　新疆生产建设兵团的劳动工具——犁

从一般意义上来讲，非遗保护工程是一种调研、整理工作，是为了后代进行储存的"未来科学"。我们对科学的未来负责，现在我们就要在数据、规范、分类、编码、时间、地点、人物等方面，都要保证它们的严谨与完整。

下面这张图片是一个教会的窗户（图6），这个窗户是白的。大家是不是有印象？西方有一种彩色玻璃，那种玻璃往往是在教堂里用，去欧洲旅游过的，一定见过这种五彩缤纷的玻璃。那么这个图的玻璃，我们可以把它说成是无色或白色的。玻璃色彩的变化告诉我们什么了？它有一个故事。宗教改革之前，西方社会的人和神之间的关系要通过牧师来建立，信徒不能和神直接发生关系，这是传统的教会规则。所以玻璃都弄成彩色的，把天给遮住。宗教改革让个人的欲望变成合理的、神的召唤，于是人与神之间的关系不再是间接的，而是个体与神之间的关系。在建筑表达上，新教开始用透明的玻璃表现这种思想和愿望。通过这两种教堂的玻璃，我们可以看出人神关系的表达性差异；通过一个物件，还可以听到背后的真实故事。所以，观念和物质互为表里，我们如果从口述史的角度去研究，可以通过人们的观念，发现人们为什么用这样的东西，看到物质的一面。

这是剑桥大学的一个学院（图7）。某个系的门厅上嵌入了一大块石碑，上面刻录着二战中阵亡的同学名字，他们都是从这个系毕业的学生。这块石碑不单是一个记忆，也让人们永远怀念他们的同学，让人们领会反法西斯战争的精神。所以，非物质文化遗产的研究、调研和保护，应该体现在各个方面。像岐山臊子面，它在日常生活中就把文化保护了，用不着政府给它专门投资。这

## 信仰

1. 基督教(布加勒斯特)
2. 宗教改革
3. 人与神之间关系

       空间

       时间

       意义

图 6　教堂的窗户

## 记忆

1. 本系毕业的同学(剑桥大学)
2. 二战
3. 为了自由

       空间

       时间

       意义

图 7　剑桥大学的一个学院

个石碑也是，系里靠石碑把一段历史传承下来，让后来者为此倍感自豪。

场记（图 8）。场记以文字为主，有的人用照片，有的人可能画一些草图。我自己喜欢画一些草图，把它嵌在文字里。这是一个放牧的路线图。从图中可以知道：放羊娃一天放牧两次，然后在沟底喝水，再回来；下午相同。他的行走路线、在哪里吃饭，都记了下来。另一张是留守儿童放学后的记录：孩子们之间的玩伴是什么，他们的社会是什么，玩耍路线是什么。这些就叫场记。场记里有时间、地点、人物、什么事、为何，即 5 个 W，这是完整的、高质量的、客观的场记。将来写论文，或者后期制作、写脚本，或者整理录音，这些场记会帮助回忆。甚至一千年以后有人再看到这个东西，会说我们的祖先原先是这个样子的。

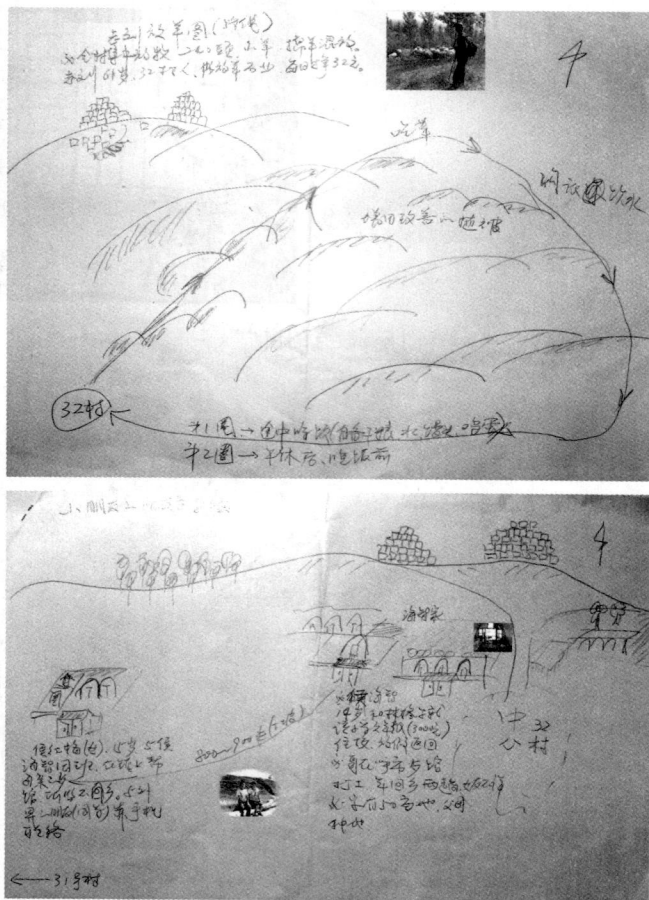

图 8　场记

现在有传统博物馆、社区博物馆，还有虚拟博物馆。我们说的传统博物馆，指的是像故宫博物院这样的博物馆。它的优点是精美，而且确实有真东西；还有就是它的科学性很强，都是经过科学家研究过的东西，甚至每一个物件都会有大量论文在后面支持。可是它的缺点是片段化、碎片化。因为它和本来拥有者的文化脉络被切断了，所以它是碎片化的。断了根的呈现，剩下的只是靠科学家那套话语建立关系，事实上它已经死了。传统博物馆做得再好，还是有时空的局限性。现在很多博物馆都开始数字化，把物件都拍成数字的，通过网站展示、传播、保护。我不把它叫作博物馆，实际上是网站的另一种形式而已，因为它还是静态的，它没有动起来，传统博物馆因为是静的，没有动感，也不符合数码时代的需求。

社区博物馆的代表是大瑶山生态博物馆，这是文化部的文化保护项目。文化部牵头，让西南各省的博物馆来承担（图9）。我是在末端看一个生态博物馆。图中的这位是一个传承人。他跟我说，传承人现在闹饥荒似的，没有人想传承，他自己也在发愁，没有年轻人对它感兴趣。可以想象，我们对文化破坏得多么厉害，若再不抢救，也许它很快就失传了。在保护的过程中避免简单模仿，弄了半天都跟汉人一模一样，都跟北京人一样，文化的多样性没有了。文化本来不是那样的，比如西藏就应该有西藏特色，别弄得都是瓷砖，好好的藏族楼房，弄了个瓷砖就显得现代化、城市化了？像汶川震后重建的时候，羌族的建筑本来就是防震的，非得建现代的、一步到位的社区，结果把文化弄没了。原来建筑有它的讲究，也抗震。在改造的时候，全用一个所谓的标准，只让科学一厢情愿地说话（就是我说的单向）。而相向而行的意思是一定要跟人家好好地互动，即便是使用现代的材料，能不能用对方的智慧，来盖对方的房

图9　生态博物馆

子。这一点我们比较滞后，都认为自己很伟大。

这张图片是大瑶山里的最后一个石牌王，去年去世了（图10）。这是我去那里的时候，人们在给他穿花篮瑶衣服。他真是一个王，旁边有人护着他、尊重他。当然，现在年轻人都走了，剩下一群妇女。重大的仪式、重大的纠纷，王者就会出现，所以他相当于法官一样的，在历史上还有决定生杀的大权。这么一个人物，没了。他的离去意味着其背后的文化系统将改变。相比之下社区博物馆很好，当下有一批人正在这样做，但是，现在一个危机就是村落人口结构的变化，导致无人传承。

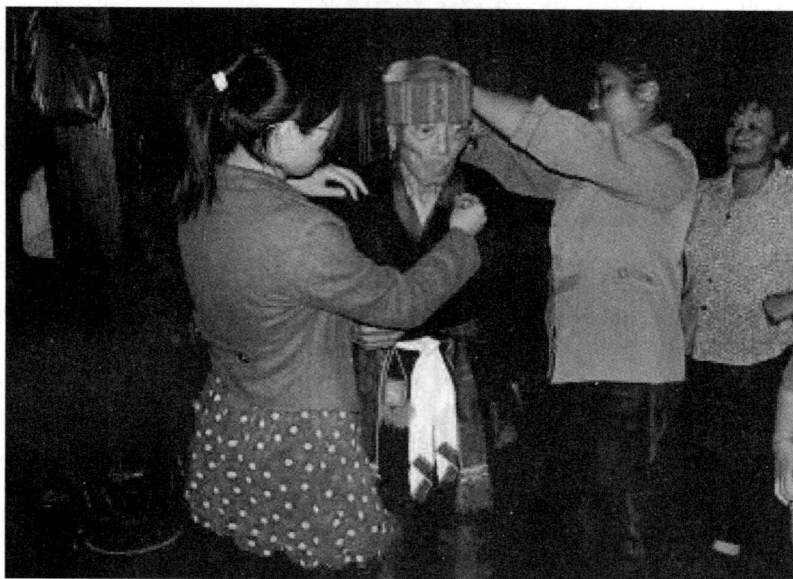

图10　参与式文化保护

虚拟博物馆，我说的是3D博物馆。现在是多媒体时代了，社交媒体遍及城乡各界人们的日常生活，甚至已逐渐成为人们生活的一部分。多媒体拥有自己独立的"人格"，它不是文字的附属工具。3D虚拟博物馆的特点是互动性，它意味着大众参与。比方说，编目是个很专业的工作，任何一个网站里面，词条都是要归类编目的。3D博物馆也一样，它需要编目，这属于神话，这属于史诗，这属于舞蹈，对各个词条都有很详细的编目。你们的采集工作当时分类严谨，如果按照统一的规格做，将来做3D博物馆时，就比较容易接轨，形成一个系统工程。另外一个交互性，在于它用音频、视频来搜索。比方说你读

"非遗"，它就会出来"黄泥鼓舞"，不用敲字。我在家里用电脑进入虚拟博物馆，用声音也好，敲字也好，都会出现我想要的词条和相关内容，跟现在手机背后的大数据本质上没有区别。这种互动的 3D 博物馆将来是跟终端互动的。原来不可能实现的观赏需求，3D 有办法，它可以 360 度供人们观赏。它解决了传统博物馆做不到的事儿。它在观赏者和文化拥有者之间实现两个作用：其一，是把文化拥有者的话语权还给他们，他们有说自己文化的能力和权利；其二，让他们不断地丰富本土的非遗文化，通过这种数码的形式，可以呈现给外面的人。人们可以参与共同编码的过程，体验实时互动、实时参与的丰富化馆藏。文化拥有者的互动，除了人和机器之间的互动以外，还体现在终端的多种表现形式。打个比方，这是一个社区博物馆，电子摄像头可能埋在馆内，里面什么都一览无余。我可能在北京游览这里面的东西，互动也体现在这个环节。将来有些文化有可能消失，但是可以在 3D 博物馆里随时展现、互动，而不会像我们传统的博物馆那样受时间和空间的限制。

总之，今天我们的话题就是呈现非物质文化。我们大家也要注意如何解决非物质文化和保护非物质文化所面临的问题。

**（全根先整理）**

庞　涛

# 影视人类学视野下的非遗实践

　　庞涛（1964—），中国社会科学院民族学与人类学研究所副研究员，人类学影片作者。现任中国社会科学院人类学与民族学研究所影视人类学研究室主任，中国影视人类学学会常务副会长。主要影像民族志作品有：《轮回与圆圈》（1993）、《秋牧》（1995）、《隆务河畔的鼓声》（1997）、《仲巴·昂仁》（2000）、《地东之夏》（2003）、《祖先留下的规矩》（2006）等。曾参与撰写《影视人类学概论》《数字民族志》，发表《学者电影的主张与逻辑》等论文。主持中国社会科学院创新工程——《喜马拉雅山地民族影像志系列》和《二十一世纪初中国少数民族经济社会发展影像志系列》工作。

　　影像民族志和今天要讲的非遗影片在方法上应该有关联。我原来不是很了解非遗，正好 20 年前做过一个项目叫《格萨尔》① 史诗艺人，就关联上了。关于非遗影片，我也看了一下《国家级非物质文化遗产代表性传承人抢救性记录操作指南》，在很多地方，影像民族志和非遗影片在方法、内容和理念上还是一致的。

　　我参与过文化部节日志和史诗的影像志项目，也看了一些影片，今天结合非遗影片实践，讲两个方面：第一部分，影视人类学、影像民族志、人类学影片基本的概念和方法；第二部分，结合《仲巴·昂仁》这部影片，讲述我的实践和我观看过的一些影像志作品的想法、体会。

　　首先，简单介绍一下影视人类学和影像民族志的方法。

　　影视人类学，我比较认可的定义，就是以影像和影视手段，表现人类学原理，记录、展示和诠释一个族群的文化，或尝试建立跨文化比较的一门学问。这是庄孔韶老师的一个概括。它包括人类学的各个方面，但中心是人类学影片拍摄，这是美国的一个影视人类学的学者保罗·霍金斯的说法。它是关于建构人类学影片方法论的学科，这是我的观点。庄老师的概括，强调的是在研究内容上，影视人类学和人类学大约一致。霍金斯的概括也是如此，它的研究对象都是人类学、民族学整个学科所关注的，只不过是用影像手段，而不是文本的手段。它用影像手段，记录和展示社会文化，重点是阐释一个族群文化，试图建立跨文化比较。这是民族学的传统研究方法，即跨文化比较的研究方法，用影像手段来做研究。

　　所以说，从影视人类学研究的问题和对象来说，它是和人类学、民族学一致的，因为方法上是用影像手段，所以这里还要多一个关于建构人类学影片的

---

　　① 《格萨尔》是藏族人民用集体智慧创作的一部英雄史诗，又叫《格斯尔》或《格萨尔王传》，流传于藏族、蒙古族、土族、裕固族、纳西族、普米族等民族之中，以口耳相传的方式讲述格萨尔王的英雄故事。2006 年经国务院批准，列入《第一批国家级非物质文化遗产名录》。

方法论，讨论用什么样的方法来产出影像成果。这里就要解释一下，什么是人类学影片？人类学影片就是影视人类学最主要的学术成果，或者研究成果。《影视人类学概论》①（这本书我也参与写作）里面，对人类学影片的定义是：人类学影片是在人类学理论指导下，综合运用人类学研究的科学方法和影视的表现手段，对人类文化进行观察和研究所取得成果的形象化表述。这个定义就稍微再宽一点，不只是影像的成果，包括以后多媒体的，或者其他一些由新技术产生的与视觉相关的表达手段。重点还不是研究视觉文化，是以视觉文化研究社会文化和社会问题。

人类学影片范畴比较宽泛，不同的人有不同的定义，我又把它稍微细分了一下：一种是狭义的、学术论文式的影片，影片民族志属于此类；还有一类是比较广义的，这类作为人类学研究素材的影片，广泛地呈现社会文化模式。现在有很多关于文化的纪录片，虽然没必要将人类学影片与文化纪录片做明显的区分，但是因为领域不同，关注的点和方法手段不同，两者还是有区别的。

第一，人类学影片更多地有民族学、人类学、社会学和宗教学等社会科学做学科支撑。

第二，人类学影片是以理解和阐释人类文化意义为诉求，文化纪录片是以描述和传递人类文化现象为目的，这里一个是强调解释，一个是强调呈现。

第三，民族志影片属于跨文化解释，是向属于一种文化的人们，解释属于另外一种文化人们的行为的过程，有一个跨文化解释的目的。而文化纪录片，主要是呈现一个社会文化模式，不是特别强调跨文化解释，而是强调跨文化呈现。文化纪录片也是跨文化的，但只表现两种文化的不同，并不强调为什么不同，也不用解释文化差异的内在逻辑是什么。

第四，人类学影片是以解释性结构作为理解和阐释文化内涵的方式。影像民族志或者人类学影片，与一般面向大众、以传播为目的的文化类纪录片有差别，但是实际上现在很多的文化纪录片的作者有的时候也倾向于制作像民族志影片这样的作品。

人类学影片为什么要有一些解释性结构？人类学影片是以学术为目的，那么它如何成为一部学术作品，从方法和撰写方式上，需要有一些企图。撰写和制作学术性的影片，面对文化现象有两个任务：一个是真实地记录和客观还

---

① 《影视人类学概论》，2000 年 9 月社会科学文献出版社出版。

原，这是一般的纪录片都应该具备的；第二个就是理解和诠释文化现象后面的意义。

这个既要对拍摄对象完整地描写，又要对他的文化内涵做出某种表述，用影像手段真实记录和完整还原文化过程的影片叙事结构，我称它为描述性的结构。大部分纪实性的影片，都是用描述性结构来支撑它的整体结构和叙事过程。用于理解、分析和解释文化内涵的叙事结构，是影片的解释性结构。在民族志影片里，可能会比较强调解释性结构，或者是有目的地去建构解释性结构。民族志影片一般需要借助描述性的结构，描述文化对象外在的、具象化的文化印象，借助解释性结构向受众传递内在的文化信息以及作者对它的理解、认识。

影像民族志方法（图1）可以和咱们的非遗纪录片关联上。对于具体实践的内容和方法，我归纳出以下三点：

## 影像民族志方法

知识体系——民族志影片的结构基础

理论体系——从古典进化理论到文化解释理论

影像民族志通过建构解释性结构来进行文化"深描"

图1　影像民族志方法

第一点，知识体系。做一个民族志还是非遗影片，首先得有一个知识体系来支撑，就是对于内容要有一个真实、准确、全面的把控。学者都有各自的学科背景，民族学、人类学、社会学、民俗学、宗教学等，用自己的一套知识体系来做影像，肯定不会像个人作为第一观感拍摄的旅游片那样，人类学影片肯定是有一个知识体系来支撑的。作为非学者型作者做的非遗影片，肯定需要大量地积累，要看大量的资料，比如前人对他的拍摄对象的知识，也要建立自己的知识体系，这是比较重要的。

第二点，理论体系。人类学影片和民族志影片也经历了一个理论的变化过程。中国社会科学院民族学与人类学研究所，前身就是中国社会科学院民族研究所，从20世纪50年代开始拍摄中国少数民族科学纪录电影，拍摄了21部鄂温克、佤族等民族的影片，当时是结合五六十年代的民族识别和民族大调查工作开展的。那时候用的理论，主要是社会进化论。受苏联的影响，当时拍摄影片的结构，比较明显地用原始社会、奴隶社会、封建社会这些阶段来区分。现在这个学科对我的影响更多的是一些新的、比较主流的民族学、人类学的理论。

理论决定方法，如果用的是社会进化论，可能更多的是一种比较刻板的、机械的、套用的影片介绍形式，现在大家也都不认同这种方式了。从文化进化论到文化相对论，当代影像民族志对文化的态度，开始逐渐抛弃传统的一元化的知识观和科学观，从寻求规律的实验科学，转向寻求意义的解释性科学。影视人类学和影像民族志，也经历着围绕"他者"的认识论形成过程。这个"他者"，有学科背景的人比较容易理解，字面上就是"我"的"对象"，我要表现的对象，我要研究的对象。从学科的意义来说，它是一个关系。"自我"和"对象"，是一个对立统一的关系，通过建立这种比较关系，研究"他者"来认识"自我"。做影片的时候，以我的经历，大多数文化纪录片实际上更多属于绝对主义。从文化相对主义的立场出发，阐释人类学的方法，接近地方性知识，这也是学术性的说法。人们开始意识到只有自觉地培养文化相对主义的立场和心态，才能在面对他者时，避免意识形态化的想象和偏见，这是我们绝大多数的，或者至少前些年绝大多数的文化类的影片普遍存在的现象。

影像民族志有一些独有的、不同于文本的表达方式，它的知识观和方法论需要从寻求普遍意义和一般性原则的科学主义方式，转向具体细微的田野个案考察的"地方性知识"；从追求规律的理论阐述，转到寻求各种可能性的意义解释；强调解释，而不是要强调寻找一个有普世解释的规律的过程。格尔茨①提出，以文化深描的方式，关注和揭示行为与文化之间的关系，来解释这个行动的意义。同时，文化深描也使影像作品具备从资料性发展成思想性和学术性的可能。做影片时，很多对文化事项的描写，是表面性的，而不是多层次、多角度的描写。从文化深描的角度上讲，用影像记录一个文化事项的时候，可以有更多的角度，更多的层次，从宏观到微观，观察和记录该文化事项。这样传递给受众的时候，人们更容易理解它对本民族的意义。

---

① 克利福德·格尔茨（Clifford Geertz, 1926—2006），美国人类学家，解释人类学的提出者，曾先后担任斯坦福大学行为科学高等研究中心的研究员、加利福尼亚大学巴凯学院人类学系副教授、芝加哥大学新兴国家比较研究会人类学副教授、普林斯顿高等科学研究所社会科学教授。

第三点，解释性结构。影像民族志需要建构解释性结构来进行"深描"的描写行为。其实，文化深描更多的是希望揭示一些行为背后的意义。因为影像不太具备抽象概括的能力，我说的影像中的深描，更多地强调通过建立某种结构，对一些看似简单的文化事项，通过更多的角度进行观察。解释性结构，是通过以下这四点来完成的。

一是田野调查。田野调查是我们这个学科最基本的研究方法，以参与观察的田野工作，来了解"地方性知识"。

二是以文化整体性和相对性的视野，对他者进行深度的影像描写。这是我第二次强调，以文化整体性描写、相对性的视野，避免在文化事项的描写中对文化采取一个非常孤立的、独立的和绝对的态度。

三是以主位和客位的方法，作为解释结构的认知方式。这里我要重点介绍一下主位和客位方法，这是人类学很重要的研究手段。什么叫主位方法？主位方法就是研究者跳离他自己文化的体系，试图以研究对象的文化立场和一些思维方式去解释，用研究对象自己的方式解释他们自己的行为，就是以当地人的思维方式，当地人的价值观、世界观，去理解他们的精神世界和整个意识形态的体系，来解释他们的行为。所谓客位方法，就是以研究者的立场，来进行换位和研究。主位、客位方法在民族志影片，哪怕在现在比较好的记录性影片中，也是一个非常重要的方法。在影片记录中，主位方式实际上转化为当地人观点，一个好的纪录片或民族志影片，包括非遗影片，当地人观点是非常重要的，是影片叙事中、表达中或者解释性结构中的非常重要的一种方法。现在很多影片做得不太好，更多是作者观点，或者是主流文化的立场，没有拍摄对象的、文化持有者的立场。一个好的影像民族志往往是主、客位视角观点都得以充分展现。

四是作者化的表达。作者化的表达是影片形成关系描写的影像写作。如果要达成你的解释，最终你的影片要落实到影片的叙事方式上；如果要达到影像的文化深描，就要建构比较好的解释性结构。影片毕竟是一种文体，它最终不是需要论文式的表达，而是类似文本中的非虚构写作。它强调作者这一方撰写的方式，包括作者的感觉和想象。它通过写作这种方式建构一种影像的叙事，来达到对文化阐释的目的。影像志要发展出自己的叙事方式。我们常见的纪录片，其叙事方式是以故事、人物、事件，或者仪式过程推进的，像一些科学性的纪录片，或者是我看见过的中国节日志，它实际上是仪式推动型的叙事过程。学术化的叙事方式，是学理推动型和学理解构型。影片的目的决定了它的叙事方式，不同于依靠故事、人物来推进的类型，人类学影片有比较强烈的学科目的性。还有一种方式是作者化的学术作品，非虚构的影像写作，我把这种影片叫作学者电影，是学者"写作"出来的作品，强调"写作"。大概就是这几种类型。

第二部分，落实到具体影片操作层面，影视人类学方法在非遗纪录片实践中的应用（图2），主要体现在以下几个方面：

## 影像民族志方法

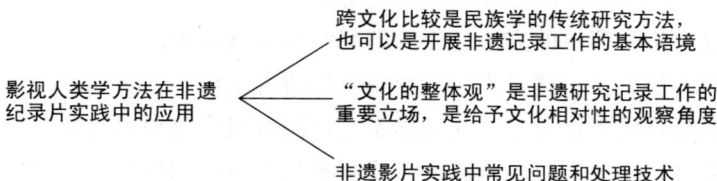

影视人类学方法在非遗纪录片实践中的应用

跨文化比较是民族学的传统研究方法，也可以是开展非遗记录工作的基本语境

"文化的整体观"是非遗研究记录工作的重要立场，是给予文化相对性的观察角度

非遗影片实践中常见问题和处理技术

图2　影视人类学方法在非遗纪录片实践中的应用

第一，在观念上要培养文化相对主义立场和文化的整体观。这一点是非常重要的。很多影片，如果这点做得比较好的话，整体就会做得比较好。

第二，在方法上要重视主位视角和客位视角的相互关照。当然也不能完全强调当地人观点，作者只是一个旁观者，这样影片也不可能成为一个很好的作品。我说的是作品，它并不是一个资料。所以主位和客位视角，要相互关照，关照得好才是一个好的影片。

第三，叙事上要注意深描性。这个深描性的意思是影片结构要比较复杂，对一个简单的事情，要给它做复杂了，要多层次、多角度、多视点地深入描写文化事项的过程和逻辑。

我在1998年做了一个关于《格萨尔》史诗的项目，叫《仲巴·昂仁》（图3），影片最终落脚点还是史诗艺人。"仲巴"在藏语中是能说的人，"昂仁"是这个说书艺人的名字。拍摄地点是青海省果洛州的一个县。

下面说说我在做这个影片时操作上的一些想法。虽然我拍摄的是一个《格萨尔》史诗艺人，当时也有人做过《格萨尔》史诗的影片，但更多的是对这个史诗的内容、唱词的记录。我记得当时中国社会科学院少数民族文学研究

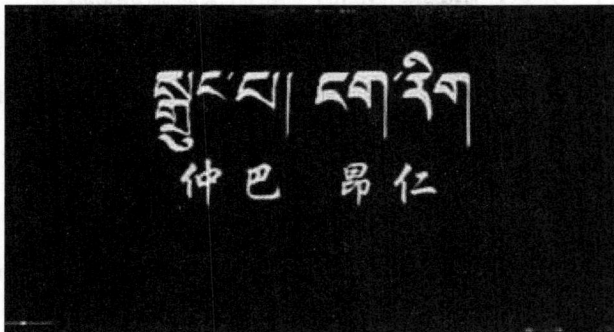

图3 《仲巴·昂仁》片头

所的降边嘉措①老师团队，在全国各地走了一遍，拍摄了大量的《格萨尔》史诗内容和艺人。后来我国《格萨尔》史诗申报联合国人类非物质文化遗产代表作名录的时候，其申报片就包括了《仲巴·昂仁》（图4）这部影片的部分内容。虽然我最初没有专门为非物质文化遗产去拍这个影片，但最终还是使用了其部分素材，为什么呢？可能还是因为我们工作时的方法比较符合当时对史诗艺人全面描写的要求。

图4 《仲巴·昂仁》

首先，回到文化的相对主义立场和整体观的概念。我们并没有把《格萨尔》史诗传唱过程当作一个孤立的描写对象，而是把它放到一个整体的文化

---

① 降边嘉措（1938—），藏族，四川省甘孜藏族自治州巴塘县人，曾为达赖喇嘛、十世班禅担任翻译，现任中国社会科学院少数民族文学研究所研究员，全国《格萨尔》工作领导小组副组长，《格萨尔》研究中心主任。

氛围中去。所以，在昂仁唱史诗的同时，我们还要观察其在现实生活中还有没有意义。开始，我们拍摄了一个在帐篷里的场景。还拍摄了在部落活动中的拉卜泽祭①，要看其还有些什么现实功用，而不是单独把史诗艺人拉到河边表演一段就行了。重点是整体地观察史诗在现实生活中的意义。

现在看，这并不是一个多好的影片，然而对我的意义是，我早期在做文化事项描写的时候，比较重视整体的和相对的视角。因为做影片的目的，最终是要传播。对于后代，对于文化差异比较大的人群来说，要能传播出去。如果孤立地把影片中的片段抽离出来进行描写，可能观众是很难理解的。

从学术的角度来做文化观察和研究，就得用这种相对的和整体的文化观。"跨文化比较"是民族学的传统研究方法，也可以是开展非物质文化遗产抢救性记录工作的基本语境。从文化研究的角度来说，文化是相对存在的，而不是绝对的概念。佛德里克·詹姆森②说，"缘自至少两个群体以上的关系"，这句话是说只有在关系中才能观察到文化现象，文化不单独存在，"任何一个群体都不可能独自拥有一种文化，文化是一个群体接触并观察另一个群体时所发现的氛围"。我们总说文化，孤立地说，它如果不在一个比较的氛围或差异中，你无法观察到它的特点。

我出生在北京，是"北京二代"，我父母是50年代支援北京建设时来的，他们是南方人。刚到北京来的时候，他们觉得很奇怪，老北京的规矩特别多，到现在都无法适应。我爱人是老北京人，他们家的氛围我有时也觉得不适应，这个差异，从她的角度一下就能说出来。文化特点就是在这些差异中才发现的。

在非物质文化遗产纪录片中，具体到每个文化事项的描写中，关照文化的相对性，而不是孤立地描写文化行为，将会有效地跨文化呈现和传播。而在影片中建立这种相对的关系，往往是作者代表的主流文化的"自我"与观察描述的"他者"之间的关系。就像《仲巴·昂仁》这个片子中，描写是放在昂仁的生活背景中，放在一个特定的仪式中，或者放在其他的社会生活中。在片

---

① 拉卜泽，即敖包，是山神栖居的地方。这个祭祀源自吐蕃时期，程式包括洒酒、煨桑、抛撒"风马"，以纪念战争亡灵。

② 佛德里克·詹姆森（Fredric Jameson，1934—），美国当代著名哲学家、文学评论家，著有《处于跨国资本主义时代中的第三世界文学》等。

头和片尾，都有阿尼玛卿神山①，这是对昂仁来说有象征意义的场景。我们观察他的一些精神活动，然后放在这些情景中来描写，这样《格萨尔》对当地藏族的意义，就比较容易提炼出来。

第二点，在方法上要重视"主位视角和客位视角的相互关照"。"文化的整体观"是非物质文化遗产研究记录的重要立场，是文化相对性的观察角度。我们看一些关于节日志和史诗的影片，发现在影片的叙事过程中，对一些仪式的描写，或者对一些史诗的传唱记录，并不是一个整体的表现，而是绝对化的表现。比如拍仪式，就要把仪式过程非常详细地拍下来，从开始准备，到过程中，仪式过程都非常完整。比如苗族的某个节日，如果是对苗族文化不是太了解的人，看这个仪式，只是看热闹，还是不太容易理解这个仪式对当地人本身有什么意义。传统的影像志，由于专注具体文化事项的描写和特定问题表达，把描写对象抽离了其存在的文化背景。这对于了解该文化的人没有太大的关系，因为他是本民族的人或者是研究者；但对于一个传播过程来说，就出现问题了，对于其他观众，甚至是本群体内经历了文化变迁的后代来说，孤立或碎片化的影像描写，是无法帮助人们对具体文化事项进行关联式理解的。很多时候，我们看所谓的猎奇影片，只把一个孤立的现象描写出来，没有说前因后果，这个影片的观影过程，就是个猎奇的过程。实际上观众没有得到什么东西，只是得到一个概念，就是感觉很奇怪，和自己不一样，仅此而已。所以，整体观有利于在影像表达上建立更为广泛的比较关系，在此基础上形成整体式影像呈现。换句话说，在非遗抢救性记录工作中，我们不能孤立地记录文化事项，而应在展现一个群体文化背景的基础上，多层次、多角度地深入描写文化事项的过程和逻辑。

在《仲巴·昂仁》这个影片中，我们用采访或者是表达比较多。昂仁自己讲述他的个人生活史，他的传承是神授的方式。《格萨尔》说唱艺人的传承有几种，有掘藏，有神授等等。他讲自己是通过神授的方式，做梦得到的，是卵生的。他自己讲的生活史还不够，还要采访当地的人，对昂仁传唱史诗的内容和昂仁这个人，就有了充分的表达。这对我们这个影片也是非常重要的，这

①　阿尼玛卿山，又称玛积雪山、玛卿岗日，海拔6282米，位于青海省果洛州玛沁县西北部，是中国对外开放的十大山峰之一。阿尼玛卿，意为活佛座前的最高侍者。"阿尼"是安多藏语的译音，意为"先祖老翁"，也含有美丽、幸福或博大无畏等意；"玛卿"意为黄河源头最大的山，也有雄伟壮观之意。

时候对我们观察《格萨尔》史诗传唱，在现实生活中还有什么意义，是非常重要的。还有在仪式上，部落首领讲他对亡人的信服，和对史诗内容的信仰，这也是非常重要的。要重视当地人的观点的提炼，更多的是在日常交流活动中。

作为一个整体作品的影像志，或者是非遗纪录片，如果这里没有观点的表达（除了作者是通过解说词，或者通过搭建叙事结构来表达自己的观点），如果你不能很好地提炼当地人的观点，或很好地表达，也不是一个很成功的影片。

第三，"文化深描"是挖掘非遗社会文化意义的重要方法。这是格尔茨"文化深描"理论的方法，是向属于另一个文化的人们传递和解释这个群体的人们的文化印象和意义的方法，也是我们非遗研究、记录工作的实质意义所在。我们的非遗记录不是展现大量孤立让人费解的"文化碎片"，而是展示这些文化事项对本群体的现实生活意义，对其他群体有参照作用，帮助其理解其自身文化意义和生活逻辑的作用。"文化深描"是影片建构叙事结构的指导思想。在方法上运用"主位—客位"法，在影像上重视对"当地人观点、局内人观点、文化事项相关人观点等"的描写。

我总结了几条非遗影片实践中常见的问题和处理技巧（图5）：

## 非遗影片实践中常见问题

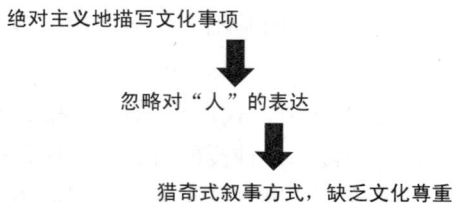

绝对主义地描写文化事项

忽略对"人"的表达

猎奇式叙事方式，缺乏文化尊重

图5 非遗影片实践中常见问题

第一，上面提到的，不要绝对主义地描写文化事项。所谓绝对主义，就是说，把一个事情、事项孤立地、机械地描写出来，比方说描写一个染布的过程，或者是一个唱《格萨尔》史诗的过程。一般情况下观看者根本就不知道这个过程、这个行为是谁的，是哪个民族的。那么解说词就要解释，这是苗族的，或是藏族的。要重点描写，它是存在于谁的文化整体中，这是谁的文化中的一部分，而不能非常孤立地只描写一个过程，否则就是脱离其族群文化整体性的表达。影片如果表现一个绝对的描写过程，尤其是生产性（包括工艺性）的过程，时间长了，大家记住的只是一个流程。而实际上任何我们所说的文化过程，对他本民族和他的生活环境是有非常重要的意义的。要交代清楚该项目是在什么环境下产生的，如果没有这些关联的话，时间过得越久，这些影片可能就越没有意义，因为影片里的文化断裂了，观众，包括后人就更难以理解。所以，这种整体性描写是非常重要的。

整体性描写起码应该具备一个背景的介绍，描写的文化传承人，他自己是怎么习得的，为什么民族要传承这个文化项目，在本民族的历史和现实中，这个项目的作用是什么，有什么意义。要通过他的嘴，或者是通过和仪式相关人的嘴说出来，这一点非常重要。如果只描写行为过程，是一个表面化的描写，而不是一个多层次、多角度的描写，就不能算是"文化深描"。

其次，在影片中，容易忽略对人的表达。我看过好多的仪式类的影片，仪式非常热闹，大量的人参与，但是我们评价这种影片是"没有人的影片"。为什么叫"没有人的影片"呢？因为片中的人只是一些影像在晃动。这些人不是我所说的"活"人，他们没有观点，没有想法。这些人参与仪式，应有他们的诉求，或者说这些人在仪式中扮演应该有的角色。所以说这些影片是没有关注"人"的影片。仪式过程必须要通过人的一些行为来表达，表达更重要，这样才能够完成对一个行为的描写。如果人很多，没有一个人开口说话，你就没有记住任何一个"行为人"，和仪式相关的"行为人"。所以影片要有人，要有"活"的人。

第三，猎奇式叙事方式，缺乏文化尊重。我们看到很多影片"活"的人是作者，是作者不停在表达，不停通过解说词在说，而文化持有者并没有活起来，这就是一个问题。加上前面提到的猎奇式的叙事方式，这一系列的问题，如果没有解决，最后就变成一个猎奇式的、缺乏文化尊重的影片。文化尊重对于非遗影片非常重要，怎么才能做到文化尊重呢？作者要试图跨越自己的文化立场，去理解他人的文化立场。这个说起来很容易，但是很多作者还是不太容易做到的。让作者跳离自己的文化，换位到另外一个文化中去，像他们那样思考，是非常不容易的一件事情。这既需要观念的更新，也需要很多技巧。我们批评这种行为，叫作"文化中心主义"。实际上，作为纪录片和一些影像志的作者，或多或少地都有这种所谓的"文化中心主义"的色彩在里面。

举个例子，我在喜马拉雅拍摄《僜人》的时候，有一集片子涉及僜人的婚姻形式。僜人的婚姻有很多形式，但他们可能不愿意让你去拍摄，特别是在当代的文化语境中。但是有些作者非要去拍，自以为拍到了一些当地文化。因为我要做这个婚姻类型，就必须要拍这些形式。但是我们要非常细致地拍出来，形式是什么样，为什么存在这些形式，道理是什么样，生活环境是什么样的，来龙去脉都要说清楚。这样别的文化持有者看的时候，就容易理解，这些形式的存在有他们的道理。这个目的达到了，才能达到我说的文化尊重。如果光拿出来一些比较奇异的婚姻形式去表达，这就是猎奇的形式，是在消费你的拍摄对象。

再有一点，像鄂伦春族、鄂温克族，还有我刚才说的僜人，比较喜欢喝酒。这是一个非常显性的问题，我们要不要碰？人家说要是文化尊重的话，就不应该碰。但是我们必须要碰，为什么要碰？因为它是存在的，是一个非常重要的问题。但是既然要碰，就得说这个现象是什么原因造成的？它原来是什么样？它现在是什么样？它的背景，你要解释。最重要的是，我去年在鄂温克敖鲁古雅（位于内蒙古根河市），他们这一代人已经无法脱离开酒精了，但是对他们的下一代，天天教育说不要喝酒。他们在文化转型过程中面临的一些问题，也意识到了，而且你要相信，他们有自愈的能力，但是需要一定的过程。如果把这个来龙去脉说清楚了，就完全可以碰，而且可以说得非常好，而不能只把喝酒问题放在一个比较重要的位置来表现。一个问题轻易不要碰，如果你觉得重要，要碰的话，就要全面、整体地把这个问题拿出来，各个角度都要表现。如果这些问题都能说清楚的话，是可以碰的，这就是文化尊重，要有这个视角，要有跨文化理解的能力。

在具体操作过程中，我们要尊重文化差异和个人隐私。但是，光说尊重，光谈这些没有用，如果完全说尊重个人隐私、民族感情，有些时候事情是做不下去的。主要还是取决于怎么来做。这实际上取决于修养、学识和积累，需要一个长期的积累过程。对文化事项要全面、整体、细致地描写，这是一个整体观的问题。关于让所有文化相关者张口说话的问题，我说得通俗一点，现在很多影片，都叫"默片"。影片里虽有很多的人，但是都不开口说话，只有作者在说话，或者作者也不说话，当事人也不怎么说相关的话。我叫它"默片"，虽然看着热热闹闹的，但是没什么信息量。所以要叫当事者说话。我的影片《仲巴·昂仁》，虽然我现在看也觉得很一般，但是我做到了让传承人说话，让在他的生活中的人说话，让他部落里的人说话，还有他对自己说话，还有在影片的片头和片尾，他面对阿尼玛卿雪山，在雪山面前不停地和自己的内心作交流等等。所以，非遗影片要做到张口说话，就算是比较成功了。

（李东晔整理）

陈小波

# 用摄影完整记录非遗实践

## ——关于达茂影像

　　陈小波（1957—），女，新华社领衔编辑，"新华典藏"执行主编。中国摄影著作权协会副主席，中国摄影家协会理事，策展人、著作人。曾担任中国摄影最高奖项金像奖以及多个国家级摄影奖项评委。主要成果有：获得摄影家协会"德艺双馨"会员称号（2003）；参与《中国摄影50年》（2006）编辑工作，是书中新华社、新闻摄影、报道摄影、体育部分的策展人和撰稿者；主编《中国摄影家》丛书（2007）；主持《摄影世界》"口述新华"专栏（2008）；中央电视台《摄影家与变革的年代》栏目总策划；获得中国摄影界个人成就最高奖——金像奖（2009）。

我非常羡慕在座的人，因为你们在研究中国最宝贵的、最好的东西。我在新华社工作 30 年。前 20 年，我在全国各地区走，做的是新闻，与你们的工作性质完全不同。每次我只能在一个地方待两天，最多待一个星期，看到一个很好的项目，没法深入挖掘。刚才庞涛老师讲的那些地方我都去过，但是我们当时就做不出他这样的片子来，因为我们是被新闻推着走的。后来这 10 年，我由一个普通的编辑变成一个用图片研究历史的人，成为独立做摄影项目的人，我觉得自己幸福无比。

我们最近一直在用图片做一些视觉人类学的项目，将来会把它变成书、变成展览。今天介绍的，就是我们最近用 3 年时间在内蒙古做的一个项目。

非物质文化遗产保护其实是新闻界一直在做的事情。我们做了很多关于中国非物质文化遗产方面的专题，对年纪比较大的代表性传承人，做从文字到图片的详细记录。但是我们怎么做都不如在座的各位，因为你们身处其中，不会随便离开，只要你们掌握一些方法，一定会做得很好。

我看了一下名单上讲课的老师，真羡慕你们能集中听到这些大家的课程。讲课者在做什么？就是把自己二三十年的经验，用两三个小时集中讲出来。在座的大概有 200 多人，只要有 10 个人听进去，讲课者就成功了，只要有 10 个人掌握一点点的方法，我们的文明就向前推进了一步。

我有一个朋友叫姜健，他现在是河南省摄影家协会副主席。他 30 年前就在河南从事一个类似你们这样的工作，当时可能还不叫非物质文化遗产，这个概念还没有提出来，就是文化保护工作。他去拍什么呢？拿着相机去拍古老的小戏楼，去拍一个即将消失的小村庄，拍着拍着，他就拍成一个大摄影家。他拍了两个题材，另一个就是河南乡村农家的中堂，起名《场景》，后来在"场景"上放上人，起名叫《主人》，他的这两个题材成了世界级作品。姜健像拍肖像一样拍摄《场景》，《场景》成为那个时代的肖像。姜健非常清楚自己的镜头指向："农民是社会的根基，农民的生存状况直接影响着整个中国社会发展的进程。"作家梁晓声说："姜健仿佛用照相机向我们讲述着某种关于几代人命运的故事。这故事有沉重得似乎可闻喘息的史性，有愁郁的诗性，有镇定地毅忍着的人性，还有姜健自己不失关爱的理性……因而，姜健的作品实则是不单纯的，是具有思想的影像。"

## 做非物质文化遗产，应该是一个沉静的人，是一个安安静静把小事做好的人

做摄影也罢，做文化也罢，没有小摄影家，没有小题材。我们经常看到在很边远的地方，一些人在做很小的题材，只是他们不在我们的视线里而已。他们做的事情比我们看到的要深入得多。这些人让人敬重。在座的诸位，在我看来，都是非常体面的人，而且也是非常幸运的人和幸福的人。

在"影观达茂"项目中，我们做了一本书：《两个会唱歌的老人》（图1）。这两个老人就是非物质文化遗产代表性传承人。刚才庞涛老师讲，"我们做的东西最后不能成为默片"。在这本书里，我们让两个老太太开口说话，给她们做了口述，还有她们家族的人，连8岁的孩子都做了口述。

图1　两个会唱歌的老人

那么多的人跑到少数民族地方去搞摄影，但是拍出来的全部都是浮皮潦草、高高在上的东西。我写过一首诗，内容是问汉族摄影记者老去少数民族地区拍照片，你跑到那么远去干吗？去以前你是不是准备了一副好心肠、悲悯心肠、纯净心肠？你去的时候给那里的人带了什么礼物？你是否掌握了起码的平

视和尊重的影像叙述能力？你是否在用灵魂的眼睛拍摄……

有一年，我们在西藏大风雪中看到朝拜的人，一家人朝拜，摄影记者跑下去顶着人家的脑门拍照片。那个老人已经走不动了，因为他们一走就是一年，有时几年，腿肿得很厉害，还在一步一磕头，一直在说："我腿疼啊，我腿疼啊！"但是我们的摄影者，没有一个人想到要把自己身上带的巧克力、药、围巾送给他们。这是我经常看到的场景。

我继续问：你是侵入者，还是阐述者？你是居高临下，还是保有一份尊重？你和被摄者之间，到底是一种什么样的关系？你是关注他的美好和丰富，还是仅仅是猎奇？他们单纯的热情和简朴的生活方式，是否真正影响了你、感动了你？人家完整的生活、情感、文化，你到底了解了多少？你有能力让别人看到藏在里面更多的东西和更加接近整体的东西吗？你的拍摄是比以前更加收敛，还是更加无所顾忌？你拍摄了要干吗？得奖？出书？做展览？你是准备深入持久地记录，还是草草了事？

我希望自己和在座诸位，不管是做非遗，还是做摄影报道，都应该是一个沉静的人，都应该是一个安安静静把一件小事做好的人。我做事情的方式方法，是开一个小小的口，打一口深深的井。但是太多的人口开得很大，结束得很浅。我们看到太多的大项目，资金投了很多，但是做出来的东西很浅，问题在于口开得太大了，做事情的人根本不安静。

老百姓把摄影这个行业误解了，总以为搞摄影的人是外向的人、夸张的人、留长胡子的人、留长发的人、穿靴子的人、穿摄影背心的人、到哪都搞得鸡犬不宁的人。恰恰不是如此！我 30 年来见到全中国、全世界的无数好摄影师，他们穿布底鞋，声音非常小，拿小相机，一个人独行。虽然人们认为摄影师一般动静都很大，但我的体会是：摄影师有多沉静，他的事情就能做得多好。

## "影观达茂"要求书中出现的每个人、每匹马都有名字

"影观达茂"这个项目生发在内蒙古达茂旗①。达茂旗是一个水草完全不

---

① 达茂旗，全称达尔罕茂明安联合旗，属包头市，北与蒙古国东戈壁省接壤，有闻名于世的乌兰察布岩画和蒙古族文化敖伦苏木城遗址。

丰美的地方，但我们这个项目最终形成了8本厚厚的书。今天讲其中两本。

我前一段时间在中国摄影家协会讲课，以达茂为例，讲如何讲好中国故事。内蒙古摄影家协会主席额博先生听完后说："我在内蒙古几十年，水草不丰美的地方我是不去的，没有河流拐弯的地方我是不去的，水草不长到腰上我是不去的，没想到你在这么一个荒漠的地方搞出8本这么厚的书来。"

伏瑞峰是达茂旗的书记，也是蒙古文化学者，他和我一起担任这个项目的总策划。他也是一位诗人，他的一句"站着睡觉的我，错过了你的到来"，深深打动了我们团队的每一个人，马是站着睡觉的。草原的东西，一片草原、一匹马、一户牧民，一直就放在那儿，但是我们一次一次地把他们都错过了。

这8本书的8个主编，都是中国摄影界的一些重要人物，像于德水、胡武功、闻丹青这些人都是在中国摄影史上有地位的人。我请他们来一起完成这个项目。还有几位是摄影学院的院长，是教摄影的教授。我在几所大学任教，刚去时发现孩子们都趴在那睡觉。后来，我发现原来是孩子们的教材用错了，他们现在还在学80年代、90年代的一些陈旧的东西，能不睡觉吗？所以我希望达茂项目这8本书出来可以作为教材。

我们为什么要做这个项目？50年来，我们看到内蒙古草原的照片，没有一个有名有姓的人，永远都是蓝天、白云、牧场，出现的人就是博克（摔跤手）。他们都高昂着头，没名没姓。

而这次"影观达茂"项目要求还原草原，我们这套书里面出现的每一个人和每一匹马都是有名字的。在工作人员的微信群中，我写道：一定要擦干净相机，更要擦干净你的眼睛、你的心灵，只有用干净的眼睛和心灵面对达茂，才不会辜负达茂这片草原。

我不喜欢"下基层""采风""搞创作"这些词，我们不是为了这三个词去达茂的，我们是用真诚的、悲悯的心来做这件事情。

每本书有主编、摄影师，更重要的是，每一本书我们都会请一个学者来参加。这些学者是人类学家、社会学家、民族学家、作家、诗人，我们请他们和摄影者一起来完成文本。

## 我们为整个蒙古族做了一套一百年以后还能读的书

这8本书，每一本都力图回答一个问题。《两个会唱歌的老人》所回答的就是：草原上的人为什么要歌唱？

三年前的 3 月份，达茂还飘着雪，我们第一次考察，这 8 本书就基本上在我的脑子里形成了。我要讲一个男人的故事，要讲一群女人的故事，要讲现代化进程中孩子的故事，要讲一个村庄的故事。

"草原上的人为什么要歌唱？"这个主题完全是出于我的私心，因为我一直喜欢蒙古音乐。我一直在想为什么音乐在蒙古人生命里那么重要？

伏瑞峰书记给我们推荐了一个歌手，叫花日。他说花日唱得非常好，是包头地区首席歌唱家。后来，花日送给我一张她自己的唱片。北京生活节奏非常快，我在家里面从来没有听完过。有一天，花日来北京，主编胡武功老师、伏瑞峰书记和我都坐在同事的车上。因为堵车，我们就在车里放花日的歌。到最后一首歌的时候，突然出现一个奇妙的声音，完全是金属的、从胸腔里头发出来的那种声音。我们同事大叫："太好啦！国际范儿！"

我常年做编辑，非常敏感，也会追问：

"花日，这是谁在唱歌？"

"我的妈妈。"

"你的妈妈会唱歌？妈妈多大岁数？"

"85 岁。"

"妈妈现在还唱吗？"

"唱啊。"

花日突然说出一句话："我的妈妈和我的姨妈是双胞胎，刚刚得了全内蒙古的坐唱冠军。"（图 2）

几乎不加考虑，我跟胡武功老师说："这个书的主角不是花日了，换这两个老人。"

我们后来在做这个项目的时候，发现这两个老人现在是全内蒙古草原上年纪最大的双胞胎。

我们的故事就先从她们小时候生活的地方讲起。口述就让她们回忆小时候，回忆父母，回忆丈夫，回忆自己生孩子的过程。她们两个人，一个生了 10 个孩子，一个生了 9 个孩子。她们生孩子的时候，丈夫全部在放牧，晚上都回不来的。她们都是自己生产，自己剪的脐带，一代又一代，现在已经到了第五代了。

两位老人如今在城里定居，住在两个街区，腿脚不太方便，来往也不是特

图2　两位老人曾获全内蒙古坐唱冠军

别多，大概一个星期见一次面。她们只要见面的时候就开始唱歌，告别时也唱。

项目要求所有的参与者要住到被采访者家里头，这样才能拍到受访者晚上和白天所有的状态。在做项目前，我们会列很多需要读的书和需要看的电影——西方的、中国的关于蒙古族的电影。有一部电影《哭泣的骆驼》，我记得是讲一头骆驼生了小骆驼以后不喂养，后来女主人一次又一次地给它唱歌，摸着它的头唱歌，最后母骆驼的眼泪流下来了。在草原上我们看到真实的一幕，小绵羊的妈妈死了，让山羊妈妈来喂，山羊死活不喂，花日妈妈就一直给它唱歌，最后终于喂了（图3）。

我们一直说要讲好中国故事，但我们经常讲的中国故事好像是硬要讲的。实际上我们在草原看到的情况是，牧民丰衣足食、窗明几净，生活质量非常高。

我后来在编辑这8本书时，就想：这个项目仅仅是在为达茂做的吗？不是。我们是为整个蒙古族做了一套一百年以后还能读的书。我们每一篇口述访谈都涉及蒙古族现在身处的文明和生存状态，我们用的是社会学的操作方式。尽我们所能，做到最细，问到最细。

我们赶上了两位老人的生日庆典（图4）。两位老人都会唱歌，全家人都

图 3　老人的歌声感动了山羊妈妈

会唱，两个人每人生了一群"云雀"！我们同时做了一个手抄家谱，表现这个家族的枝繁叶茂。这个家谱有上百人出现，在做项目的过程中，有的离婚了，有的去世了，还有的出生了，一直在改，到上个星期才最后定稿。

图 4　两位老人的生日庆典

## 所有的人物都没有刻意寻找，他们迎面向我们走来

特别幸运的是，书中所有的人物，都是迎面走到我们面前，没有一个是刻意去寻找的。每一个走到我们面前的人，都携带着蒙古人强大的基因和写不完

的故事。

为什么西方人总说，在中国就要看真人的故事。中国每一个真人的故事，都要比小说好看得多、复杂得多。如果把中国每一个人放到时代的大背景里头，他们的故事都是无法想象的。

我知道在座的人可能不是职业摄影家，但是摄影真的没有你想得那么复杂。我们看到国际、国内很多的独立摄影师恰恰不是职业摄影师。他们是医生，是铁路工人，是小学老师，但是他们却能做出一些非常有深度的专题。

我希望诸位在做非遗研究的时候，学会使用影像，让自己变成一个用影像说话的人。当然前提是你应该是一个有视觉修养的人。美学的修养、视觉的修养，很大程度上取决于我们年轻的时候去博物馆、美术馆里面看好的东西的次数。

我们看到了两位老人家族的庆典上，所有人都上去唱歌，结果发现草原上所有人都会唱歌，女人唱歌温润，男人唱歌深情，和我们以前在舞台上看到的不是一个样。这就是为什么要让更多的人知道蒙古族歌曲真实的状态、原本的状态。

蒙古族的歌有很多的忧伤、很多的心情，蒙古人唱歌比说话多。

胡武功团队每个人都写了很长的笔记。他们用 6 天的时间，做了多少事情？13000 张图片，采访了 6 万多字的文本，用图文并茂的方式介绍了发生在达茂草原上一对双胞胎老人及其家族的故事，还拍下了很多影像资料。

现在单纯地只会写文字、只会拍照片、只会拍录像可能不行了。我们常说内容为王，有好的内容，怎么让它用更好的方式传播出去，同时要掌握新的传播方式，这是现在特别重要的一个研究话题。

所谓的纪实照片，所谓的非物质文化遗产，不是说你把每一个人都拍得很近很近、很大很大，就是好的。你必须把你这个故事的根扎得很深，你能问到受访者的祖母就不要问到他的妈妈，要问传说，问深的故事，然后把根扎得深深的，把历史讲得越深越好。

你要把你所讲的故事做成一棵枝繁叶茂的树。枝繁叶茂是什么呢？就是细节、细节、细节，故事、故事、故事。

## 非物质文化遗产工作者应该是一个解开谜团的人

做非物质文化遗产也罢，我们做"影观达茂"项目也罢，都是一样的。

我们为什么做这个项目？就是要为别人解开谜团。其实有太多的谜团，我们不去解，不去把细节告诉别人，别人永远不知道。我们看到了这么多人，当打开别人的谜团的时候，有时候，我觉得我们真的是应该感恩生活。

看到在座的有很多年轻人，你们如果有时间的话，去读一点社会学的书，读一点人类学的书，也可以通过远程教育，去读一个民族学的学位，都会对你将来的工作有帮助。学习在任何时候开始都不晚。

摄影和音乐、文学一样，应该是存放谜团的地方，同时也是解开谜团的地方。我想，非遗工作者也应该是一个解开谜团的人。

在"影观达茂"中，我们不要什么样的影像？不要简单、粗陋浅鄙，不要故作深沉、矫揉造作、无病呻吟，不要费解，不要啰唆，不要虚浮，不要拿来一张照片你根本看不懂他在说什么。

图 5　两位老人和她们的子孙

我们需要什么样的影像？独有的生活方式、生产方式、生命状态，草原上的文化传承和继续，草原牧民独有的精神气质。我们需要孤独，比起英俊的外表，我们需要苍凉的内心。我们需要和草原一样平静、老实、苍茫古朴的照片；我们需要信息量大、有变化痕迹的照片，符合当代阅读习惯的照片，在时间长河里会说话的照片，全人类共同感兴趣的人性、人道的照片，每一张照片里出现的人和马都应该是有名有姓的，有诗意的照片。

刚才看到一本书叫《惠山泥人》，是台湾汉声出版社做的。如果我自己拿到这个题目，都会觉得不好拍。不就是泥人吗？但是看他拍的照片，局部的、一张一张细细地拍，这就是田野工作法，是非遗人真正应该做的事情，不厌其烦地去拍很多照片。

## 用很深的情感去做一份小小的工作

《人民日报》都在提"工匠精神"，说明"工匠精神"在我们国家是多么的缺乏。如果每一个人用工匠的精神，来做自己手里面的那一点点小事，那么我们的国家就会进步，文明就会发展。

我看过一个影片，在瑞士一个滑雪场，有一个人一生只做了一件事情，就是在雪山上，驾驶着一架小飞机，看到哪里快雪崩了，就投下一枚小炸弹，把雪先炸下来。他很享受他的工作，一点也不觉枯燥、单调，更不怕自己不为人知……

看完这个纪录片，我对这个人无限崇敬。这个人好幸福，爱自己的职业，他用很深的情感去做这么一份小小的工作，让人觉得他这一辈子活得太值得了！

我拿到"影观达茂"项目时，心里充满感恩：伏瑞峰书记怎么那么看得起我，让我来做这么一件好事；我也感谢草原，草原这么好，让我们在这里完成自己的理想；然后感谢我的朋友，他们都是我的同道之人，几十年来跟我有共同的理想。

我们一起回到一个深处，安安静静地做事，好好地做事。

在中国有很多事情要做。你做了事，就有人尊重你，就有人爱你；你不好好做事，就没有地位，没有尊严。

我们现在就是一个项目、一个项目好好地做，慢慢地做，做不了就不要接，做得了就去好好地做，不嫌这个事情小，不嫌这个事情没有人知道。

有的事情在做的过程中会让人感到非常寂寞，不为人知。但是，不要紧，只要你自己喜欢，只要你是在为推动文明尽一点点力，就值得。

希望诸位在自己的行业里面做一个专业的人，做一个被人尊重的人。

（满鹏辉整理）

赵　红

# 如何围绕传承人做好文献收集工作

　　赵红（1960—），女，国家图书馆参考咨询部社科咨询室研究馆员。从事参考咨询工作已有 30 年，擅长社会科学领域的文献咨询。从业至今，已为国家机关、生产科研和企事业单位提供过上千件咨询。典型案例有：为某酒业集团申遗查找资料，为该企业申遗成功起了重要作用。为某艺术团筹建资料室查找资料，提供 118 位艺术家人物资料，形成汇编 223 册，这些汇编成为该资料室的重要收藏。著有《外国法律中译本篇名索引》《中国图书馆学著作书目提要》等学术专著。发表《参考咨询知识服务案例解读》《参考咨询中的法律问题》等学术论文 20 篇。主持和承担过多项科研课题。常年为图书馆业界授课，讲授"参考咨询案例分析""社科及法律文献的检索与利用"等内容。

　　非常有幸能有这个机会，与在座的来自全国各地从事非遗工作的领导和专家一起交流。今天主要为大家介绍，当我们想收集传承人的资料时，要从哪些角度去查找文献。

　　今天我讲的内容，以我们国家图书馆的资源为主。但是，据我所知，在座的领导和专家来自全国各地，平时不一定常在北京，这样大家可能会有一个担心，听完以后回去，没有国家图书馆的资源怎么办？其实，只要办理一张国家图书馆读者卡，在任何一个能上网的地方都可以享用到国家图书馆的资源。国家图书馆资源几乎涵盖了国内所有的文献资源，它是最丰富的，如果大家了解了如何使用国家图书馆资源，其他地方馆资源的使用方法也是一样的。

　　虽然我们平常很少用地方馆的资源，但有些地方馆的资源不但丰富，而且非常有特色。记得 2012 年我们去成都图书馆交流，当时他们展示的汶川织锦数据库给我留下了深刻的记忆。这个数据库是他们在汶川地震前做的，结果汶川地震后这些织锦不复存在了，这个数据库资源无疑成了非常珍贵的资料。所以说，地方馆收集的特色资源也是非常宝贵、非常有价值的。建议大家在查资料时，一定要结合地方图书馆的馆藏，尤其是做非遗工作，离不开当地资源。

　　还有一点要说明的是，查资料是一个渐进的过程。今天大家听完我讲的内容，不可能在这么短的时间内马上掌握，如果能对查资料的思路和方法有所领悟，就已经很好了。

　　我今天讲的内容是：如何围绕传承人做好文献收集工作。主要有三部分：一、做采访工作前应该如何准备资料；二、查传承人资料可利用的资源有哪些，我们该怎么去利用；三、以收集广播艺术团人物资料为例，介绍我们是怎么收集人物资料的，并重点以收集侯宝林先生的资料为例。

　　第一部分，在采访前我们要做背景资料的准备。查任何资料，一般都要有这样的前期准备工作。在查课题之前，我们对所查人物和事件并不是很了解，我们也有知识盲点。以前没有互联网，当时的办法就是借助工具书，查字典、辞典或者百科全书，了解我们所要查的东西。现在我们可以在接到一个题目

97

后，借助百度或其他搜索引擎查查看，这样有一个大致的了解。

我们所要查的传承人，属于人物资料的查询。对于背景资料，我们可以通过传承人本人、亲朋好友、单位、民间、收藏者等各种渠道，把能了解到的东西尽力都收集到，能了解多少就了解多少。在这些线索都掌握以后，我们就可以用到图书馆的资源了。国家图书馆是国内首屈一指的图书馆，馆藏非常丰富。也就是说，当你在其他任何地方都查不到资料的时候，可以到图书馆来试试，一定会让你大有所获的。

对于传承人本身，从图书馆检索的角度讲，就是要多找一些关键词，就像你在百度查东西，总得有一个检索词。因此在查传承人的时候，一定要知道他的名字、出生年月、籍贯等。比如，了解传承人的出生地，就可以利用当地文史资料查找相关文献。了解他所传承的项目，也对我们查阅资料很有帮助。比如，某位传承人不是特别知名，可能你专查他的名字不一定能查得到，但是你了解他所传承的行当是川剧，很有可能在川剧的文献中能找到他的资料。总之，尽可能地获取传承人信息，可以为查找资料提供有价值的线索。

在查找资料中我们经常遇到这样的情况，有的读者一进图书馆咨询室的门就跟我们说，"我想查一本书"，但是这本书谁写的记不清了，大概哪年出版也不知道，读者掌握的线索非常有限。遇到这种情况，我们会尽可能多地与读者交流，从文献查找的角度发问，以便多掌握些线索。总之，前期查资料了解得越详细，越有利于后期的收集。

第二部分，我们介绍一些国家图书馆可利用的资源。国家图书馆资源，无论是馆藏纸本文献还是数字化资源，都非常丰富。如图 1 所示。

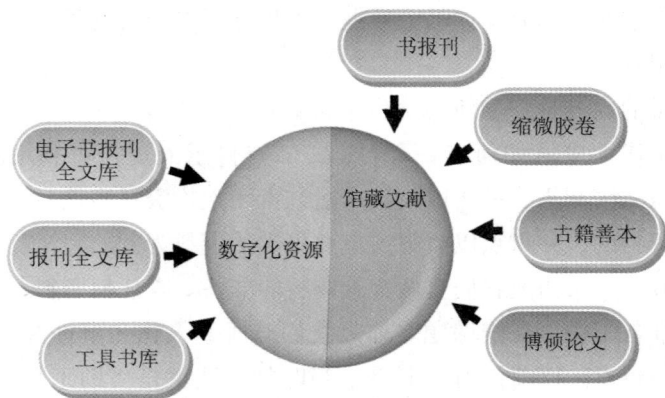

图 1　国家图书馆可利用的资源

把这些资源换一个形式，无非就是这几大类：第一类是纸本文献，就是传统的书报刊；第二类是把传统的书报刊转化为数字载体的数据库，也就是数字资源；第三类是早期的一些书报刊，就拍成胶卷成为缩微文献；第四类就是音像资料。如图 2 所示。

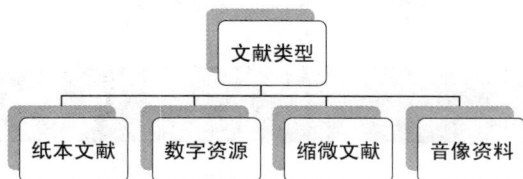

图 2　文献载体形式

纸本文献就是传统的书报刊纸质形式。数字资源就是将纸本文献转化为数字文献，多以数据库形式体现。缩微胶卷是查早期资料非常重要的一个检索源，非常珍贵，而且从缩微资料里查出来的东西都是原件，只不过是以前扫描的，清晰度比较差。前段时间我们给廊坊市政协查 20 世纪 30 年代一座桥的资料，查是查到了，但一看缩微胶卷就是模糊的一小块，根本看不清桥的样子，没办法使用。相信随着数字化技术的发展，以后这些文件可能会重新制作，会更加清晰。音像资料我们国家图书馆暂时还不能用，可能不久就会陆续开放，目前只能在 OPAC① 上查到音像资料的目录。

了解了这些资源后，接下来就是怎样利用它们来查自己需要的资料。根据以往的经验，最棘手的问题，就是虽然有这么多资源摆在这儿，但是当我们想用的时候反而不知从何处着手。

首先，我们需要了解资源的层级。第一层是书报刊名，就是所谓的书皮；第二层比第一层多了些内容，包括报刊篇名、作者、刊物名、发表时间等信息；第三层就是文献内容的全部了，就是全文。如图 3 所示。

第一层检索源的利用。一般要查东西，先知道一个书名，知道书名后接着就要查书的详细信息，即作者、出版项、出版年等，然后就是要找到全书。报刊也是如此。揭示这一层级信息的资源就是 OPAC。

因为大家来自全国各地，建议在"文津搜索"界面框里搜。这个界面可一并显示国内图书馆馆藏情况。如只想检索国家图书馆资源，用右边栏"馆

---

① OPAC 全称 Online Public Access Catalogue，在图书馆学上被称作"联机公共目录查询系统"。

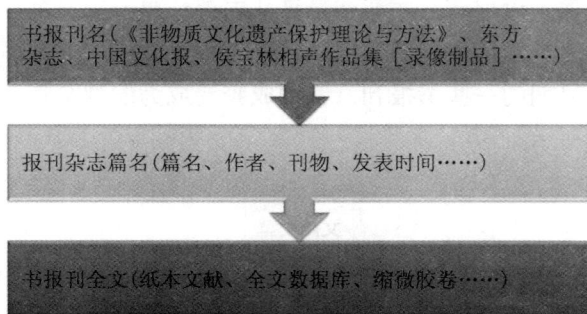

图 3　资源层级

藏目录"检索。举个例子，怎么查雕漆工艺大师殷秀云的作品，包括别人写她的和她自己的作品。殷秀云可能不为大家熟知，仅用她的名字不一定能查到。那么我就用"雕漆工艺大师"查。结果可以看到出现了张道一先生写殷秀云的专著，还有殷秀云自著的《雕漆图案》和《殷秀云谈民间美术》等。

与查书一样，期刊和报纸在 OPAC 系统也只能查到刊名和报纸名，不能看到详细内容。我经常会被读者问起，在 OPAC 查到刊名后是否就可以进一步点击看内容了？其实是不行的，OPAC 只能看到刊名和报纸名。比如《中国文化报》，我们只能检索到报纸名、出版年等信息，详细信息需要进一步利用报刊篇名索引和期刊全文等数据库才行。

如果我们想进一步查书报刊的详细内容怎么办？这就是资源层级的第二层。比如，有人想知道某篇文章是谁写的，但是他只知道大概的文章名，其他信息都不清楚，此时就要用到揭示书报刊篇名的数据库。

有很多数字资源可以作为第二层资源的检索工具。最直接的就是全国报刊篇名索引数据库，这个资源在读者门户资源网站中有。

全国报刊索引篇名数据库，从 1883 年至今国内报刊刊登的文章大部分都能在其中检索到，但它只有篇名没有全文。而全文期刊数据库，像清华同方、万方数据库和维普数据库等既可检索全文，也可像全国报刊索引篇名数据库一样检索篇名。另外，还有龙源期刊数据库、《人民日报》数据库等。

举个例子，如果我们要找非遗传承人，就把非遗传承人输入检索框，所有的报刊中关于非遗传承的资料线索都会出现。比如，介绍王殿祥大师的文章《每件首饰背后都有个故事：访国家级非遗传承人王殿祥大师》，在这里就可找到线索。它刊登在《金陵瞭望》2009 年第 20 期第 50 至 51 页上。利用这个线索我们可到全文数据库获取全文，如没有电子版，再到 OPAC 中检索《金陵瞭望》2009 年 20 期的索书号，提刊后即可获取全文。

利用报刊全文数据库也可获取传承人线索。比如我们要查"刺绣皇后"姚建萍的资料，我们既可以在全国报刊索引篇名数据库中找到她的线索，也可以直接用中国期刊全文数据库检索。选择哪个数据库要有个基本判断，比如姚建萍（1956—）是当代传承人，她的资料没有必要到民国资源中去找，使用中国学术期刊数据库就可以了。

书报刊第二层信息的检索掌握后，接下来就是要获得全文了，这就是资源第三层级。那么图书全文到哪里去找？绝大部分图书还是要通过 OPAC 获取书目后，提书看纸本文献就能得到全文。电子版通常只能阅读而无法下载和利用。

第三层级资源很多，特别是互联网上的资料鱼龙混杂，使用时要注意。在此介绍几个有用的网站。互联网上的新浪爱问共享资料、"读秀"等资源可获取书报刊全文，但有些是部分的，有些即便下载了，也用不了。它们作为查找线索来用是可以的，但是如果正式用我们是不推荐的。作为正式收集的资料，还是要用纸本文献和权威数据库中的，不建议用网站上的东西。

电子书使用很方便，在我们国家图书馆主页上有畅想之星电子图书，用读者卡就可以阅读。但它都是近五年的新书，不一定能满足所有的需要，尤其是有的传承人的资料是很早的，所以还是离不开纸本文献。

"读秀"有一个免费试用版，比较好用。比如说我想查姚建萍的资料，但我不知道哪本书里有她的内容，就可以用"读秀"来查，结果显示在《文博杂语集》里有《姚建萍：从绣娘到非遗传承人》这篇文章。在 OPAC 里检索《文博杂语集》，找到这本书后再去提书，就找到这篇文章了。这个检索告诉我们借助一些免费的互联网的资料，对我们获取更多线索很有帮助。

报刊的全文怎么找？这个相对简单。找到了报刊的线索以后，利用报刊全文数据库就可检索出全文。可用数据库有：中国学术期刊全文数据库、维普中文期刊数据库、万方数字化平台等。

其他像地方志、年鉴、百科全书等资源，只要大家拥有一张读者卡，就可免费使用。进入国家图书馆主页，在读者门户登录注册后，把自己的卡号和密码输进去，就可以使用国家图书馆的电子图书、电子期刊、电子报纸、地方资源、工具书等等，资源非常丰富。如果使用得好，完全可以在有互联网的地方就可以完成大部分传承人的资料收集。更多资源不能在此一一介绍了，检索方法没有多大的难度。

第三部分就给大家介绍咨询案例。以我们查找广播艺术团侯宝林先生资料的案例为例。其实，在这之前我没有专门查过传承人的资料。不过我们查过广播艺术团的人物资料，与查传承人的资料非常相似。大家了解了我们是怎样收集侯宝林先生的资料的，也就等于了解了传承人资料的查找过程和方法。

这个案例是2007年我们接受的广播艺术团的一个委托。当时他们有一个资料室要筹建，原来资料室的资料被多年前的一把大火烧没了，不复存在。这个艺术团拥有一两百位艺术家，还有交响乐团、广播艺术团、说唱团等分团，新中国成立以来演出活动上千场，艺术家们的作品也十分多。他们想通过我们把公开出版物中与艺术团相关的资料收集齐全。

做这个咨询之前，我与用户进行了多次沟通，这就好比查找传承人之前一定要和传承人有一个沟通，要了解线索和背景资料。当时艺术团给了我们110多位艺术家的名单。说实话拿到这个名单后我看着都眼晕，如果对这个团的艺术家比较了解还好说，能知道这些艺术家是干什么的，比如彭修文是指挥，殷秀梅是歌唱家，王国潼是二胡演奏家等。如果不了解的话，这么多艺术家很容易查乱了。因此在查之前，必须要对这些艺术家进行了解。为此，我往用户单位就跑了二三十次。另外也通过他们的网站，或者图书馆找了些资料，先了解艺术团的概况和艺术团的历史。比如，这个艺术团新中国成立前就成立了，很多艺术家也在新中国成立前就开始了艺术生涯，掌握了这个情况后我就知道将来一定会用到民国文献。像侯宝林先生在20世纪30年代就开始从艺，一些民国文献里一定有对他的记载。

为了便于检索，在查找之前我按这些演员所从事的艺术行当进行了分类。如图4所示。

比如把郭启儒、侯宝林、马季等曲艺家归为曲艺类，把歌唱艺术家殷秀梅、屠洪刚、魏金栋等归为歌唱类。这样分类后，在检索时就比较好统一使用资源了。比如说雷振邦、黄准和朱践耳是作曲的，那么在一本《作曲》杂志里有可能同时出现这些作曲家的资料，我一次性使用就能查到好几位作曲家，不用反复提刊、反复查找了。

在查侯宝林先生的资料时，为了不遗漏，我事先把要用到的资源都按文献载体列好，如图5所示。

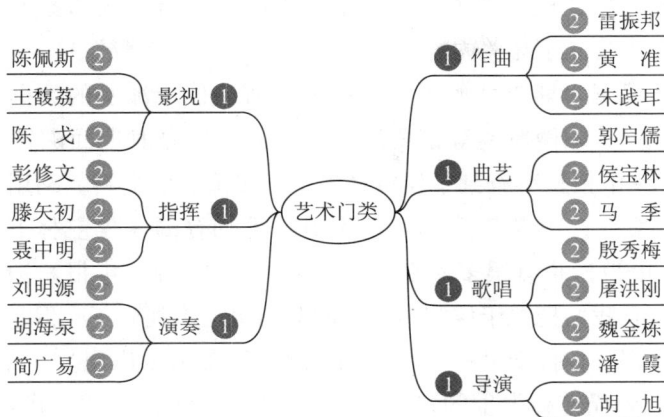

图 4　按艺术家所从事的艺术行当分类

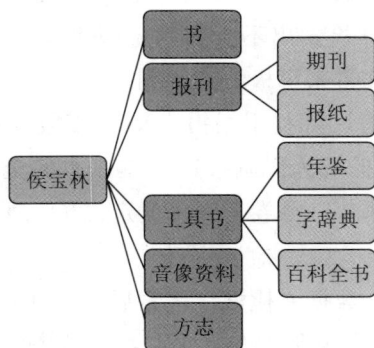

图 5　按文献载体分类

　　这样做就不会轻易忘掉其中的某一项。比如说工具书就是不可或缺的检索源。年鉴的前几十页都有插图，利用年鉴我们查到了侯宝林先生在全国各地进行艺术表演时的照片。1956 年毛主席和侯宝林握手的照片，就是在年鉴中找到的。字典、辞典、百科全书等资料中对人物都有概述性的介绍。万方数据库的新方志里，有很多侯宝林先生在各地交流活动的照片。

　　利用 OPAC 就可将侯宝林本人创作的、他人研究的作品，以及音像资料一并查到。书目下载后就可以提取全书复制了。因为艺术团是作为资料收藏，不具有商业行为，不涉及版权，所以这些图书是可以复制的。

　　电子书在检索上很有用。几年前艺术团曾要做侯宝林先生的一个生平展，想找毛主席接见侯宝林先生的报道。当时我们不知道在什么资料里有这个报道。利用方正阿帕比电子图书，查到了《毛泽东与著名艺术家》这本书，在其中第140页上找到了相关内容。

侯先生在民国时期就开始了艺术生涯，所以他所涉及的数据库资源比较多，民国数据库、缩微胶卷等都要用上。我们在民国时期回溯性数据库《瀚堂近代报刊》《申报》等查到了侯宝林先生很多重要的资料。利用《瀚堂近代报刊》，我们找到了1947年天津《艺术报》上刊登的《侯宝林下月初来津献艺》。上海《申报》也有很多侯宝林先生演出的报道。《申报》数据库做得非常全面，利用它我们把关于侯宝林先生的演出报道都找到了。但是这种报道非常难找，一般都是在报纸里的一个"小豆腐块"的地方出现。

1949年以来侯宝林先生的资料，可用全国报刊索引、中国学术期刊博硕论文、普通论文数据库、中国重要报纸数据库等等。另外，侯宝林先生是艺术大家，在《人民日报》这样的官方报纸一定会有很多报道。我们把《人民日报》也作为检索源，同样检索出不少资料。1998年以后各种全文报刊数据库的出现，为检索报刊全文带来了极大的便利。

检索侯宝林先生的图片可利用画报。2007年数字资源还没有像现在发展得这么快，那时候16开的《人民画报》一本一本的全靠手翻。现在有了数据库，检索具体的信息，哪年、哪卷，直接就定位了，所以有了数字资源以后检索真是十分方便。

方志资源可利用万方数据库检索，检索后在《中国曲艺志·辽宁卷》《中国曲艺志·黑龙江卷》《中国曲艺志·北京卷》等资料中，找到了侯宝林先生在各地演出交流活动的照片。我随手打开《中国曲艺志·黑龙江卷》，就可以看到侯宝林先生当年在黑龙江跟一些艺术家或者相声艺术爱好者交流、切磋的合影。人物查找离不开方志，我们查传承人的时候，利用万方数据库的方志平台会有很多收获。

音像资料在OPAC里直接检索就可以了，像侯宝林先生的相声作品集，我们馆收藏的也比较多。这些音像资料现在不能用，但是我们可以把它的书目做下来。

最难查的部分，是通过各种途径把别人不易查到的资料都查出来。这部分最需要和用户沟通。侯宝林先生当时演出的一些简讯、海报和剧照在学术性的期刊数据库中很难找到。而这些演出海报其实很有说服力，很能反映艺人的演艺生涯，可这些东西没有检索点，很不好找。所幸当时我们认识了侯宝林先生的女儿侯鑫老师，她很热情地给我们提供了线索。侯鑫老师告诉我们："我父亲三四十年代曾经在天津和北京说过相声，在当时的《益世报》《星期六画报》《游艺画刊》《新天津画报》《一四七画报》《三六九画报》里头，都登有我父亲的演出报道。"

说实话，在这之前我根本没听说过《一四七画报》和《三六九画报》。有了这样的线索，我们在这些画报里找到了非常珍贵的资料。当我把这些报刊提出来以后，侯鑫老师在图书馆待了三个月，自己挑选，把她认为能够反映她父亲艺术生涯的报道，都通过缩微胶卷还原出来。这部分资料我认为是全部资料中最珍贵、最有价值的部分。侯鑫老师还给我们提供了很多我们没有的馆藏资料。像《战地》这本杂志，我们把它复制下来作为资料内容的一部分。

插一个花絮，当时我们给侯宝林先生做资料的时候，我把侯宝林先生的大事年表送给侯鑫老师。我说我们给您做了一个侯宝林先生的大事年表，侯鑫老师看后特别客气并表示感谢，但她还是很诚恳地告诉我们说，这个年表就是她自己做的。事后我们感到我们的工作做得还很不到位。作为收集资料的图书馆员，对所收集人物的背景资料都没有了解全面。侯先生的大事年表谁有资格做？只有他自己的家人最熟悉。以此为戒，在查资料之前，一定要掌握人家有什么资料，如果人家有了就不要再提供了。

经过长达 3 年的检索，我们一共提供了 118 位艺术家、5 个艺术分团的资料。图片收集了 1500 多幅，制作了一个大事纪年表，复制下载的文章有 3 万多篇，形成 223 册的资料汇编，如图 6 所示。

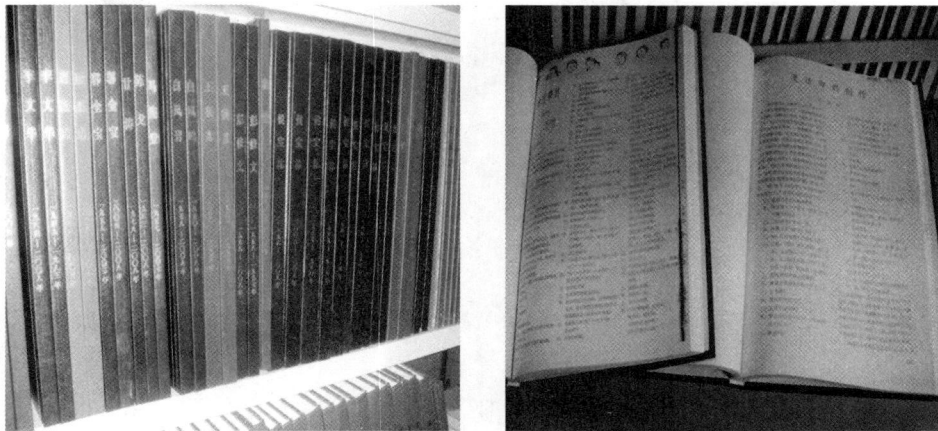

图 6　资料汇编

最后，大家查传承人资料的时候，有几点需要注意的地方。其实我在讲的过程中已经反复强调过了，但还是需要重申一下。

第一点，在收集资料前，我们要尽可能多地了解传承人的背景情况，然后在查找过程中也要及时与传承人进行沟通和反馈。他们已有的资料我们都要掌握，我们掌握的线索越多，对资料的收集越有帮助。

第二点，互联网的资源可以用，建议仅作为参考和线索用，一般不作为正式资源来用。现在互联网很发达了，很多资料在网上一搜，就能搜到。但收集资料和文献一定要用图书馆的资源，因为它是公开出版物的收藏地，文献的来源渠道非常正规。

第三点，文献具有很强的地域性，虽然国家图书馆资源非常丰富，但是它的综合性非常强，查地方文献，不一定那么全。各地图书馆的地方文献是我们获取当地传承人资料必不可少的来源。我们一定要去图书馆。图书馆会给我们查找资料提供更多的线索和内容。

（刘东亮整理）

田 苗

# 《国家级非物质文化遗产代表性传承人抢救性记录操作指南》解析

　　田苗（1980—），男，国家图书馆副研究馆员，纪录片导演。2006 年毕业于北京电影学院导演系，获硕士学位。先后在中央电视台和北京科教电影制片厂工作，执导了多部非遗题材的纪录片。2010 年进入国家图书馆。目前担任国家图书馆中国记忆项目负责人，主要从事口述文献、影音文献的研究与建设工作。6 年来，主持建设了多个非遗专题资源库，带领团队对上百项非物质文化遗产和上百位代表性传承人进行了口述访问、影像记录和数字化工作。同时，探索非遗资源的编目与服务方式，并通过展览、讲座、公开课、出版物等方式将这些资源进行公众推广。2015 年起，受文化部非遗司委托，组织起草了《国家级非物质文化遗产代表性传承人抢救性记录工作规范》和《国家级非物质文化遗产代表性传承人抢救性记录操作指南》。纪录片作品：《向天而歌》《北京牙雕》《苗鼓王龙英棠》《心灵的居所——苗族吊脚楼》《地戏忠魂》《小寨里的大歌》。故事片作品：《塬上春来早》。

　　各位老师可能会有一些疑问，今年颁发的《国家级非物质文化遗产代表性传承人抢救性记录操作指南》① 跟去年颁发的《国家级非物质文化遗产代表性传承人抢救性记录工作规范》② 有什么区别呢？我想借此机会尽可能地向各位做一些说明。

　　《指南》以《规范》为出发点，更具体、更深入地阐述和解释了抢救性记录的方法步骤和具体要求，是《规范》的延伸、扩展与细化。《指南》比《规范》更具有可读性和参考性，如果说《规范》中提出的是做什么，而《指南》中则回答的是怎么做。我们希望把《指南》写成一本工具书，能够更好地明确阅读主体，也就是写给谁看的，并告诉大家该怎么做，为什么要这么做。《指南》具有一定的辅导性和解答性，针对十大类非遗项目的不同特点，用较为直观具体的方式来指导实际操作，对每个部分的工作中可能出现的问题均给出了一定的解决方法，并明确了验收办法与标准。我们尽量写得可读，写得人性化，希望大家拿到这个《指南》以后，可以更好地、更明白地完成抢救性记录工作。

　　首先，我介绍一下扩展的内容。第一部分，准备工作。为了更好地实施工作以及与传承人建立长期合作的良好关系，新增了"1.2　知识准备""1.4　工作方案设计"和"1.5　与传承人建立良好的工作关系"等部分。"知识准备"这一部分，昨天下午定宜庄先生、罗红光老师他们已经讲到，做一个口述史或者做一个田野项目的时候，知识准备是很重要的。我们之前在《规范》里没有提，因为《规范》只是提要什么，要哪些，不涉及用什么方法做到。我们在《指南》的起草过程中也咨询了一些老师和专家的意见，包括定宜庄老师、王建民老师、李延声老师等，也非常感谢在座的几个省非遗中心的同志们给予的反馈意见。"知识准备"这部分，就是希望大家能够在项目开始之

---

　　①　下文中用简称《指南》，代指《国家级非物质文化遗产代表性传承人抢救性记录操作指南》。

　　②　下文中用简称《规范》，代指《国家级非物质文化遗产代表性传承人抢救性记录工作规范》。

前，先热身，把基本的文化语境、基本的行业知识掌握清楚。"工作方案设计"和"与传承人建立良好的工作关系"这两部分，更符合《指南》的性质，希望帮助一些经验不是很丰富的同志，能够给大家基本的入门方法，告诉大家什么阶段该做什么事。

第二部分，新增的是"2.5 各类非遗项目特色文献示例"，这是针对非遗十大类别的不同特点，对于所需收集的文献做了详细举例。文献收集部分有一个大的表格，当然我们这里只是从十大类的基本规律、通识角度出发，恐怕没有办法为各位提供一个更详细的清单了。我们列出了一些建议收集，或者建议找到的资料。这部分各位把它当作参考就可以了，因为每个具体项目的真实情况远比我们想象的要丰富、复杂得多。当然，各位也不用担心，这个表格只是为了给大家提个醒，怕有一些内容大家想不到，不是必须收全。

第三部分，"3.1 传承人口述"部分，新增了"访谈技巧"和"录音要求"。"访谈技巧"也是参考性的，我们把访谈者在访问中所需具备的访问技巧大概分了五点，包括：进入访谈、提问、倾听、追问和控制，这些要素是我们在参考国内外一些主流的口述史指导著作的基础上总结出来的，总结出一个浅显易懂的、便于大家实践的入门方法。"录音要求"就是专门强调了保证录音质量的重要性。

在"3.2 传承人项目实践"中，新增了"录音要求"和"特殊情况"。在实践记录过程中可能会遇到以下的特殊情况：一种情况是传承人已经退休了，已经不从事非遗实践工作了。面对这种情况，如果他还有实践的能力、还能表演、还能做，这时候我们应该营造一个场合，比如说我们把他请到传习基地、原来的剧团、原来的厂，创造一个环境请他重操旧业。还可能会遇到一个更困难的特殊情况：传承人由于年龄和健康原因，已无法进行完整实践。在这种情况下，可请传承人推荐一位能代表他的徒弟代为实践，传承人尽量参与其中的某些部分，特别是关键环节和绝活，特别能展示个人技巧和个人水平的部分，传承人自己能参与多少就参与多少。也可请传承人对徒弟的实践进行分析、解说。应该注意，要让徒弟按照传承人的传统方法进行实践，且应随后对徒弟进行补充采访。

在传承人传承教学中，和"3.2 传承人项目实践"一样，新增了"内容与量化要求"一节，细化了工作注意事项。这是三个连续的表格：第一个是遇到问题怎么办；第二个是不同的传承模式，我们应该注意记录哪些内容；第三个是不同类别的非遗项目建议拍哪些传承内容。

为了强调口述史文稿的重要性与独立性，单独列为一节，增设"4.2　口述文字稿的编辑"。口述史的访问，动辄几个小时，未来如何使用？恐怕除了提供视频服务之外，更多的是提供文字稿服务。因为学者也好，公众也好，一般不会从头到尾看完几个小时的访问视频。就算做了很好的编目，视频仍然是线性的，没有方法能够跳跃式地查找内容。但是一个口述史的文字稿，可以非线性地、快速地查找、浏览。因此，口述史文稿将来的应用面和服务量可能还会大于访问视频本身。当然口述史视频的原始性、实证性和丰富性是永远无法替代的。口述史文稿的编辑工作有别于字幕稿的编辑工作。字幕稿是为了配合视频，属于逐字稿，只用括号内容修正明显口误和补全必要信息。而口述史文稿是可以独立于视频存在的，在编辑过程中应该最大限度地保证信息完整性，补全口语表达的不足。并通过平行史料的比对和分析，通过著录、引用的方式进行史实考证和信息甄别。为了强调口述史文稿的重要性，我们的评分标准把文字稿的编辑单独给了 5 分。

为了便于此次国家级传承人抢救性记录工作的归档入库，还有一些编目的工作要做。因为一年采集 300 多位传承人，过几年会积累到一两千项，这些资料如果没有一个标准化的编目方式，那么使用起来就很麻烦了。所以我们现在就未雨绸缪，尽量先把一些规范的东西制订下来，这样也许现在给大家多增加了一点麻烦，但是未来这些资料的使用者将会感谢我们这么做。这里提供了一个《元数据编目表》，我们考虑到了可能增加的工作量，已将编目的信息尽量简化，各实施单位仅填写资源库所需要的最基本的数据。这里没有让大家做更细致的编目工作，如果这么要求也超出大家工作的范围，也给大家增加新的工作量。所以我们用的是最基本的编目方式，只是需要填几个录入项，这个工作我们觉得应该是大家能够承受的。

《指南》还增加了"第三章　记录对象与成果使用"，这部分想表达的意思都在字面上，请大家仔细看看这一章就行。这章没有强制性要求，更多的是做完这个项目以后怎么办。

针对工作实施过程中，各省非遗中心反馈的具体问题，新增了一个"常见问题解答"，就是 Q&A 部分。我们回答了 10 个问题，当然这是一些有共性的问题。各位老师还有什么问题，欢迎随时提出来。

除上述之外，还做了"附录二：推荐书目、推荐文章和影片"。我们新加了一个"字幕标准"。我们还新增了3个附件:"元数据表格""自评估报告"和"提交资料清单",这些一看就能明白。这是所有扩展的部分,一共13项。

其次,我再说说修改的部分。修改的部分,大家可能首先看到我们把"专家顾问"这个称谓改成了"学术专员"。我们为什么做这个调整?因为在实际操作中发现了一些情况,可能人们认为"顾问"是个荣誉性的职务,就是署个名,一般请年龄较大、资格较老的学者提一些指导性的、战略性的、方向性的意见即可,不需要参加具体工作。而我们需要的是参加具体工作的学者,所以我们就把名字改成"学术专员"了。学术专员是工作团队的一员,工作团队到哪儿,他就到哪儿,工作团队里面的所有学术工作应该是在他的领导下、在他的实际参与下完成的。有的专家,在我们聘请他之前,他本已对这个非遗项目、这位传承人已经有多年,甚至几十年的研究、互动,这个就非常好,找到这样的学者,我们这个事就成功一半了。有很多东西你费劲也做不好,人家早就知道,早就已经出成果了。找到合适的专家,是咱们这个项目成功的关键。

为了概念指代更明确,我们把"资料"统称为"文献","文献"二字具有更为永恒、更为广泛的意义。

关于口述访问的时长,我们在《规范》中的表述是"一般不低于3小时、建议时长为5小时以上",现在改为"一般不低于5小时"。我们在常见问题里专门有一个问题解答:口述史访谈和一般采访的区别是什么?昨天定宜庄先生也讲到这一点了。一般采访是以访问者的意识为主,比如访问者是一位记者,一位纪录片的导演,他把他想知道的问题问出来,而受访者只是被动地作答。口述史访问却相反,不是访问者想知道什么问什么,而是我用什么方式能把受访者的记忆、他的故事问出来、记录下来,应该说被访者才是叙事主体。口述史访问是双主体行为,但是第一主体是口述人,是传承人,我们应该围绕着他,想尽方式把他脑子里的东西保存下来,而不是我们简单地预设问题,然后让他答了就好了。做一个好的口述史访问,如果没有一定时间投入,怎么能把一件事说清楚?怎么能把一个人的人生说清楚?有的同志跟我们介绍经验,对一个传承人进行口述史访问,周期1个月,访问了10次,每次1个小时左右。我觉得这就是个好的安排,从对传承人的身体健康着想上讲,的确每次访问不宜过长,应该遵循少量多次的原则。

除了用时长来规定,还有什么方式能表达我们想让访问者真正地坐下来,尊重老人家，研究他，虚心地、耐心地听他把他的故事说完？我们想表达的是这个意思。定量 5 小时是个笨办法，这个 5 小时的定量不是我们想要的目的，我们只是用这种定量的要求去强调——我们真正需要的是把传承人宝贵的记忆和精彩的技艺，全部地访问出来、记录下来。

为便于实际工作的操作，"工作卷宗"的概念有所扩展，所有与工作流程相关的文本都纳入工作卷宗。这一概念不会增加各实施单位的工作量，且在资料提交过程中更易操作。我们的工作成果其实就是两部分，一部分叫影片，一部分叫卷宗。影片分为文献片和综述片，文献片分为口述、实践、教学。其他所有的纸本的，还有收集到的东西，都称为工作卷宗。

在附录三，我们请教了一些学者，共同拟定了一个"国家级非物质文化遗产代表性传承人抢救性记录传承人口述访谈问题（仅供参考）"。这里我想跟大家讲，这是一个最底线的、最没有针对性的问题列表。因为我们不了解具体情况，无法走近每位传承人。各位老师都应该能根据具体情况以及你们做的功课、你们跟传承人的交往，拿出一个比我们这个参考列表好很多倍的提纲，是真正实事求是、因人而异、针对具体问题的采访提纲。这个只能请各位老师来做了。这个问题列表是什么呢？是仅供参考，我们给的不是终点线，我们给的是起跑线，从起跑线到终点线，就是各位老师施展才能的空间了。

还有一点我想强调：列表中的问题实际是想要问出的"答案"，是总结性地归纳出的一组问题的题目。在实际的访问过程中，请不要照本宣科地"朗读"列表中的问题，而应该使用各种访谈技巧，结合传承人的性格特点、项目特征，以及你所处的访问场合与文化环境，面对面地把你想知道的答案，用一个，用十个，甚至用一百个问题，用不同的提问方式问出来。举例说明，我们列表中有一个问题："请您介绍一下您的家庭情况。"这个问题在具体访问中，要通过"您家里有几口人？""请问您父亲叫什么名字？""您母亲是哪里人？""您有几个兄弟姐妹？""您小时候跟爷爷奶奶同住吗？"等一系列问题才能得到满意答案。因为传承人不是新闻发言人，也没有受过专业的自传写作训练，很难系统、全面地回答出一个宏观问题。

"附件六：文献收集与使用授权"，与"附件十一：著作权的授权书"都源自《规范》里的著作权授权书。"收集"就是别人已经有的，我们汇总过来；"采集"就是我们自己拍的。针对收集与采集文献两种不同情况的法律条款，我们做出了更明确、更有针对性的阐述，我们是请法律方面的专家拟的。

"附件七：文献目录"就是原来规范里的"搜集资料清单"，"附件八：拍摄日志"，"附件九：场记单""附件十二：采集及整理文献清单"及"附件十六：验收报告"，这4个附件我们进一步做了内容修订，更加适用于实际工作操作。需要说明的是，刚才说的《指南》中修改的附件，如果咱们2015年的项目已经进入到了提交或者预评估的环节，那么无须再按照2016年《指南》里的修改做调整了，如果你们还没有进入这个环节，那么请大家还是按照2016年的要求去做。但是元数据表必须按照要求填写，不然将来上千个项目叠在一起，未来非遗的工作者没法用，那个不是我们希望的。

细化的部分。"1.3 设备准备"，包括摄像机怎么选，录音机怎么选，设备之间怎么配合。为什么提这个要求，这个要求能达到什么结果，我们尽量说明白，然后大家根据你所在的环境去选择最佳的解决方案。这部分大家再读一下，我想大家可以看得更明白。

"2.1 文献收集"对文献资料的收集内容做了进一步的规范与细化；"2.2 文献收集来源"进一步的细化举例，这是我们请参考咨询的专家写的，主要是为了让大家将来收集文献方便；"2.4 文献使用权限说明"是对相关的法律问题加以解释；"3.1.3 访谈流程"对工作步骤配以流程图说明。

我们还对采集工作中的摄像要求进一步举例细化。为什么我说一般情况下至少用两台摄影机呢？因为它方便，现在摄影机价格都比较低了，我们用的都是存储卡，可反复使用，这样工作效率高，现场没有那么辛苦。两台机器一台拍口述者，一台拍访问者，访问者提问的时候镜头给访问者。如果提问者经验很丰富，表情很丰富，也很有张力，我们调度一台机器一直拍他，可能剪起来会更好看。如果提问者问完问题，老人家表情很丰富，大段论述，一个问题他答一个多小时，很有条理，我们的访问者只能一直点头，那么镜头就给口述人，给口述人一个大景别、一个小景别，这样后期好剪辑。如果就一台摄影机，是不是就不能拍了？当然不是，就一台摄影机，一个好的尽职的摄影师一样能拍好口述访问。

"4.3 文献片制作"里细化了文献片制作重点、剪辑要求。"第二章 评估预验收"里，细化了"3.2 验收标准"，明确了验收内容、各项要求及打分。细化的内容有9项。

以上就是《指南》和《规范》不同的地方。下面我想向各位老师报告我的几点思考：

　　我们的抢救性记录工程到底抢救什么？简单说，两个圆，一个圆是口述、实践和传承（图1）。为什么把抢救性记录要采集的部分分成这三大块？因为我们希望口述的部分、实践的部分、传承的部分加在一起，能把一位传承人的技艺、才能记录下来。在人类没有更好的大脑复制的技术之前，我们还是得把一切内化的东西外化出来，外化的方式无非就是说、做、教，它们是互相补充的，我们把这三块拼在一起是不是能拼成一个圆形？

图1　圆：口述、实践、传承

　　为什么要拍教学传承的部分？因为我们发现很多的传承人，他的绝活是手上的分寸，是一种劲儿，一种范儿，是口述也说不出来、实践也看不懂、摄像机也不易捕捉的。我们想来想去，就算实践中看不懂，但是作为老师，传承人总得把一个不会的人教会，那教的环节是不是能够有更好的方式，让这个不会的人理解和明白，把内化的技巧外化？把教与学的过程记录下来，就是教学片的部分。那么传承片要拍什么？比如说侗族大歌的歌班，歌班的教学十几年，我们不可能拍一个歌师教这个歌班，从娃娃歌班组建一直拍到长大嫁人。所以传承教学片主要拍两个部分：第一，拍特色的教学方式和特色的教学内容；第二，拍无法通过口述和实践捕捉到的非遗细节。教学不是为了拍而拍，教学是为了真正能把这个圆画得圆满，就是你得思考，你的口述片和实践片里，拍到什么、没拍到什么？老人家有什么特色的教学方法和内容？把它们拍出来。

　　第二个圆就是采集和收集（图2），有的传承人不在了，那就是半个圆没了。有的传承人虽还在世，但年事过高，无法实践、教学。我们怎么去补全这个圆？就是要花大量的力气在已有文献的收集上，能收多少是多少。采集需要本事，收集更需要本事。你有没有这个能力？有没有表现出足够的愿望？做好充分的准备，把老人家可能存在的资料收集全。有些是要买的，有些资料人家不会免费给你。我想跟大家讲，就算传承人不在了，仍然有很多的事情可以做。

图2 圆：收集和采集

发挥能动性。我们不要纠结于究竟是让老人家用普通话念伦理声明还是用方言念，究竟是要签字还是要按手印。因为我们想要的是建立信任关系，然后能够更好地开展口述访问，获得更好的口述文献。在座的各位，你们的办法肯定多于写《指南》的人，因为写《指南》的人不了解具体情况，没有各位这么多田野的、当地的知识与经验。所以希望大家能明白，要发挥自主性，遇到具体问题，还是要各位老师找到最好的办法去解决。

我们的工作需要两方的努力才能完成：一方是传承人；另一方是我们的团队，我们的项目负责人、学术专员、导演、摄像、后期工作人员；两部分内容加在一起形成的成果。我们做这个项目的时候，先不要想《规范》要我怎么做，《指南》要我怎么做，验收的专家要我怎么做，先要想我是这个地方的非遗工作人员，这个非遗传承人是我们地方的文化代表，我希望把他怎么记录好，我要怎么做。如果我们真的能发挥出我们的能动性，把我们对这件事的想法融入进去，加上传承人那方，我相信会有很好的结果。最终的评审，看到我们做的成果，你的用心、你的努力，你所克服的困难，是能体现出来的。

怎么处理学术与艺术的矛盾？其实也就是怎么确定学术专员与导演在这个项目中的位置。我们这个项目，首先是学术行为，其次是艺术行为。所谓学术行为，就是首先要保证学术主张，学者的学术知识是基本分；导演、摄影、录音是艺术家，艺术是加分项。所以项目负责人必须要很清楚，一旦学术跟艺术不能平衡，保学术。我们要追求高片比，我们要尽量多拍，要尽量跟老人在一起多待些日子，尽量给老人多留一些资料。有些项目如冰山一角，华彩段落只是台上一分钟，但是台下的十年功是不是也是项目实践的一部分？当然是。比如我们拍摄一个曲艺类的项目实践，如果只是一个老人在舞台上的表演，这也符合要求，但是我觉得这不够好，不够尽善尽美，如果我们能再加一些他练功的、排练的，和别的演员、和观众交流的内容，我们会觉得更好、更丰富。

自评估与验收。自评估怎么做，《指南》上写得很清楚。我只是说为什么要做自评估，其实是希望大家早发现问题，尽早调整。自评估不要等到最后才开始，要在有一些内容还没完成的时候，去预判它可以完成到什么程度。在项目主体轮廓出现了，大体情况已经摸清楚了，大的东西已经拍完了、剪完了，项目的人还没散，留一些还没完善的，不着急做，在那个时候开始做预评估，看看还缺哪些，这样发现问题了，及时调整、修改。做自评估的目的实际上是为了顺利通过验收，所以自评估的开始时间点很重要，不要在项目全结了之后再做自评估，那就没意义了。

验收评分总分是 100 分，验收的内容包括完成度、水平、完整性。大家一看分值的分布，就知道使劲使在哪儿了。我想重点强调一点，不要把文献片当综述片的素材来看，文献片才是重点。文献片三个片子，每个片子 20 分，三个片子 60 分，综述片 20 分。为什么文献片占 60 分？因为文献片才是"抢救性记录"这五个字的最切题的意义。综述片是有传播、交流意义的，是用来展现抢救性记录的工作效果的。工作卷宗 20 分，工作卷宗里面分三项，一项是收集，就是我们收集到的文献 10 分；一项是口述文字稿 5 分；一项是配套文本 5 分。

拍摄的原始素材做到"三好"，即保管好、服务好、使用好。原始素材在省中心保存，这些原始素材将来很珍贵，我们双方投入了巨大的劳动，这是我们的成果，要把它保存好。异地保存、双备份、双介质，这个以前讲课的时候已经说过了。

我还想强调一下传承人的权利和后续使用。传承人把你当亲人才能把秘密告诉你，我们双方都做了伦理声明，这个项目做完了，传承人是成果的主人之一，这个成果其实也是他们的心理寄托。因为恐怕不会再有一个项目，再投那么多钱、请那么多的专家、投那么多的时间做他的记录了，这或许是他一生唯一的一次，所以这些东西也是他的宝贝，如果他想要，应该给他，如果他缺哪些东西，我们能提供的也应该提供给他。这些文献我们完成后不要束之高阁，应该努力去提供服务，尽量为未来的使用者创造便利，让这些资料能更好地服务更多的人。也要主动使用、开发这些资源，这些抢救所得是不可再生的非遗宝库，可以开发利用在更广阔的领域中。这就是我们非遗工作人员的责任。

我最后讲两个故事，我先讲个英国BBC的故事。BBC在20世纪70年代的时候，成立了一个团队，到当时华约的阵容里拍摄了大量的中东欧的地方戏剧。当时很多人不理解为什么要拍。他们从20世纪70年代一直拍到80年代，每个民族、每个国家有代表性的戏剧都拍下来了。到了20世纪90年代，苏联解体了，南斯拉夫也解体了，都变成资本主义国家了，加入欧盟了，慢慢这些国家的自主民族文化意识加强了，他们的学者意识到要保护这些东西了，但是他们发现自己国家已经没有这些戏剧了。这些学者就查，哪儿有呢？结果一查只有BBC有。

我再讲一个杨荫浏的故事。他是谁呢？就是录《二泉映月》的人。20世纪50年代初他带着钢丝录音机去找瞎子阿炳，录了《二泉映月》，他们俩商量好，明年再来录，结果阿炳没多久就去世了，《二泉映月》成了绝唱。半个世纪后，1997年，杨荫浏录的《二泉映月》，和其他的上千小时的音乐录音一起，成了我国第一项世界记忆遗产。世界记忆遗产跟非物质文化遗产是两个联合国教科文组织平行推进的项目。记忆遗产是什么？记忆遗产是最柔软也是最亲切的遗产，记忆遗产就是我们共同拥有的关于民族的、文化的、历史的有代表性的知识、有代表性的记忆。而所承载这些知识、记忆的文献，就是记忆遗产。我们现在做的传承人抢救性记录工作，再过一代人、再过几代人，它们会变成人类记忆遗产，我相信会有这么一天。

非遗会一直活下去，但传承人不会。我们自2007年以来一共公布了4批国家级传承人共1986位，已经去世大约有300位了。传承人抢救性记录工作是对话历史的工作，历史学家说，我们都活在历史的延长线上，我们每一个时间点都是这个延长线上的切片，时间不会静止在一个时刻，但是人类学家、历史学家、口述史工作者和在座的非遗工作者们，我们仍然有能力从我们这个切点去尽量地向前探索，找到这个延长线上一个足够长、足够清晰的片断，把它作为切片保留下来，而这个切片肯定不会跟5年以后、10年以后一样，因为时间不能重复，所以我们现在做的记录就具有唯一性、是不可逆的、是抢救性的。

我们所做的，是在帮助传承人传承我们的非物质文化遗产，我们在记录遗产，也在创造遗产。从这个意义上讲，我们每位加入传承人抢救性记录工程的同事们，都是非遗的传承者，遗产的守护人。

（张雯影整理）

宋本蓉

# 如何做好口述史文稿的编辑工作

　　宋本蓉（1973—），女，博士，国家图书馆中国记忆
项目中心副研究馆员。1998 年毕业于首都师范大学，获美
术教育学学士学位。2006 年毕业于北京理工大学设计艺术
学院，获设计艺术学硕士学位。2007 年考入中国艺术研究
院，师从田青先生，从事非物质文化遗产保护研究，2010
年获艺术学博士学位。著作：《雕漆技艺》，编著和整理：
《中国工艺美术大师全集·文乾刚卷》《文心雕漆：雕漆大
师文乾刚口述史》《北京非物质文化遗产传承人口述史·
雕漆技艺·文乾刚》《风雨平生：冯其庸口述自传》等。
论文：《明清惜字塔研究——惜字文化的建筑遗存》《中国
记忆学者口述资源库建设的实践：以冯其庸先生为个
案》等。

　　我今天分享的主题是如何做好口述史文稿的编辑工作。我讲的这一部分属于《国家级非物质文化遗产代表性传承人抢救性记录操作指南》里第46页和第47页的内容。

　　口述文字稿是对口述史访谈内容的文字记录。由于在对传承人的口述史访谈过程中，并未在现场速记直接形成口述文字稿，因而需要将音视频口述史料转录为文字稿，并进行校对和编辑。这一部分的工作，主要涉及以下四个文稿：速记稿、速记校注稿、字幕稿和口述文字稿。速记稿由专业的速记员来做；速记校注稿、字幕稿、口述文字稿由我们的采访人（或学术专员）来做。速记稿是基础文稿；速记校注稿是过程文稿，需要标点分段、校对文字、注释和勘误，并把正确的内容写在小括号内；字幕稿虽然不能独立存在，但是它是口述片的字幕，是口述片的重要组成部分；口述文字稿是定稿，是工作卷宗的一部分，它具有独立的传播价值。

　　这四个文稿中，速记校注稿非常重要。因为字幕稿和口述文字稿都是在速记校注稿的基础上做的。如果校注做得扎实，那么做字幕稿的时候，只需要把标点和括号里面的文字做一下处理，再将文稿内容拆分成每行不超过14个字的格式，就可以交给剪辑人员做字幕了。口述文字稿也是在速记校注稿的基础上形成的，需要处理括号里的文字：字数少且不影响阅读的，就让它保留在原处；字数多的话就要放在脚注，然后再根据需要进行深度编辑，最后请受访人审稿。

　　我今天要跟大家分享的，就是我们在做转录、编辑、校对和勘误过程中所遇到的一些问题和相应的解决办法。

　　音频文件交给速记员做速记稿之前，我们会对他提出明确的要求：第一，要求他要在每一个文稿的第一页上保留采访时间、采访地点、采访人和受访人的信息，这一部分信息是我们提供给速记员的，由他附在速记稿的最前面。第二，要标明音频文件名，并且每隔10分钟标注对应的时间码。这些要求就是为了方便查找。看到速记稿就能了解基本的访谈信息，并且可以对应到原始的

采访手记

采访时间：2013 年 05 月 03 日

采访地点：文乾刚工作室

采 访 人：宋本蓉（1973- ），艺术学博士，国家图书馆馆员。

受 访 人：文乾刚（1941- ），国家级非物质文化遗产项目雕漆技艺代表性传承人，中国工艺美术大师。1961 年毕业于北京市工艺美术学校，后就职于北京雕漆厂。师从周长泰、汪德亮学习雕刻技艺，师从雕漆"老艺人"孙彩文、朱庭仁学习雕漆设计。2003 年成立自己的工作室，创作雕漆作品。其作品既继承传统古法，又在功能及审美情趣上适应时代潮流及现实需求。引领北京雕漆近十年的发展潮流，为传统雕漆进入市场、融入现代生活做出重要贡献。代表作品有：《剔红银胎荔枝纹壶》《剔红梅瓶》《剔红听涛图挂屏》等。2010 年被中国艺术研究院工艺美术研究所聘为客座研究员。2011 年被北京服装学院艺术设计学院聘为客座教授。

图 1　标注采访时间、采访地点、采访人和受访人的信息

音频文件和时间点；再者，将来我们需要查证一段文字的时候，也能快速找到相应位置。所以这个标记是很重要的。

速记稿的另外一个要求是：词错率不高于 5%。一般而言，将对话语音转录成文字，如果内容不涉及太多的专业词汇、生僻词汇，词错率不高于 5% 是可以做到的。如果语音是少数民族语言，并且有他本民族的文字，速记稿要做成双语，之后的速记校注稿、字幕稿和口述文字稿也都用双语；如果这个少数民族没有自己的文字，各类文稿只做汉语。我们一般交给专业速记员来做口述录音的文字转录工作。速记员的优势在于速度，能快速把语音转化为文字，能够为我们节省大量时间。

我们的受访人来自全国各地，讲各地的方言，如果我们找到一位当地的人做速记，他能听懂方言，这就解决了听懂的问题。但是有些地方方言很难找到对应的文字。比如我在采访徽州漆器髹饰技艺的国家级传承人甘而可老师的时候，他说到他的师父退休后，他买了东西去看师父，师父跟他说："yuan 啊，yuan 啊，你们工资这么低，我不能收你们的东西，你们来看看我就好。"我用的是拼音，因为我跟甘而可老师也沟通过，就是没有找到合适的字对应，我们后来用了"娃"字，这就是意译了。这样的问题，速记员解决不了。

我也曾经自己做过速记稿。有一次访谈涉及的专业词汇太多，速记员跟我

A:那您给我们介绍一下您出生的时候您的家庭，就是您的父母是做什么的？

B: [少数民族文字]

C:我出生在一个牧民的家庭，我的父母，我的祖祖辈辈都是牧民，我们家当时是放牧，就是放骆驼，羊，山羊，还有马等，过着游牧生活的牧民家庭。

图2　少数民族双语文稿

说这一段语音他没有办法做，只好我自己来做。我的速度就很慢，一个小时的语音，我大概需要四五个小时才能完成转录。但是我做完的这个速记稿，基本上就不需要再校注，因为我做转录的过程中就把校注的工作也做了。

我们拿到速记稿以后，由采访人（或学术专员）来做校对、勘误和编辑。

速记校注稿在我们的四个文稿里是非常重要的一个文本。校注应根据口述史访谈的录音进行，确保速记稿与口述史访谈内容一致。访谈里的人名、地名、专业名词，口误、错误，一些需要交代的背景知识、相关的知识链接等等，校对过程中应一一核对，由采访人（或学术专员）把这些错误和不足的地方修正、补全。

举个例子，下面是一段速记稿。标记加下划线的部分，是速记稿里边的错误：

> 我选这三件作品的意义呢，一个是菠萝漆，一个是<u>七沙砚</u>，这两者呢，这两个工艺呢，是达到我的工艺的一个强项，这也是徽州漆器的一个比较有那种代表的，比较有代表性的漆艺，特别是那套<u>七沙砚</u>那里面的工艺就比较全面一点，它里面有黑的推光漆，有红黑推光漆，有雕填，再是有那个<u>西皮漆</u>，再是有<u>石</u>绘，就是那种兰花，就是我们这叫那个<u>银</u>起吧。

下边是我修正以后的文稿：

> 我选这三件作品的意义呢，一个是菠萝漆，一个是<u>漆砂砚</u>，这两者

呢，这两个工艺呢，是达到我的工艺的一个强项，这也是徽州漆器的一个比较有那种代表的，比较有代表性的漆艺，特别是那套漆砂砚那里面的工艺就比较全面一点，它里面有黑的推光漆，有红黑推光漆，有雕填，再是有那个犀皮漆，再是有莳绘，就是那种兰花，就是我们这叫那个隐起吧。

从这两段文字的对比大家可以看到，采访人（或学术专员）与速记员所做的工作是有很大差异的。

有时候受访人会有口误，对此该怎么处理呢？我们采访冯其庸先生的速记校注稿里有一段文字，是他谈自己的年龄和属相。因为他说的是大家很熟悉的内容，所以这一部分的速记稿其实做得很好，这一段文稿只有一个地方出错，就是这个口误的地方。冯先生说："所以我不能跟别人说我属猪（鼠）啊，我是1924年的我还是属猪，不是属鼠，不是属老鼠。"实际上冯先生想要说的是：他虽然是1924年出生的，1924年是鼠年，但是因为他出生的时候还没有过农历年，所以属相上他还是要算属猪的，不是属鼠的。所以这里显然就是口误了，修改这样的口误也是采访人（或学术专员）才能做到的。

冯其庸先生的口述文字稿中还曾有一处错误，我每次回想起来都提醒自己以后一定要更用心。冯先生谈到自己选编《历代文选》的时候举了一个例子，是《滕王阁序》，他说作者是骆宾王。当初访谈的时候，我听着觉得挺顺，做速记校注的时候也没觉得有什么问题，而且也请两位老师审过，然后送去给冯先生审稿。从2015年6月到10月，冯先生审了5次。冯先生审稿是在纸本上写修改意见，我们每次转录完，自己检查一遍，再送给冯先生审阅。就这样这个错误一直到第四次审稿都没有被发现。后来我在第四次的审稿意见转录完成的时候，把文稿分了几章给同事帮忙检查，一位同事指出：《滕王阁序》的作者是王勃。这真是吓着我了，因为熟悉，就熟视无睹，这确实是个问题。这提醒了我，要更用心，更小心。

我刚才讲到的是错误和口误的地方，还有些地方是需要补全信息。因为我们在对话的时候，有些话不必说得很全，听的人也明白。比如冯其庸先生说到他出生的地方是前洲镇，我知道前洲镇在江苏。但是这份文稿如果是给一个不熟悉这个地区，也不熟悉冯先生的人来看的话，他就很可能不知道前洲镇在哪儿，所以这个信息是需要补全的，要加注，即："前洲镇（今属江苏省无锡市惠山区）"。

还有一种需要补全信息的情况。访问冯其庸先生的时候，他说："我出生以后过了一个大除夕，到第三天就是年初一了，我就应该算两岁了，到今年（2012 年）刚好已经过了 90 岁生日的大半年了。"我们采访他那年是 2012 年，那这个部分我应该标注上采访的年份，要不然别人没法确定他说的"今年"是哪一年。

下面一段是冯其庸先生讲述他的老师。他的老师给他写了一幅扇面，扇面上用的是《水云楼词》里面的词句，他记住了三句，他说他以前记得住全文，但是现在只记得住三句了。那么我就需要把全文查到，并且把它插入这个地方做注。做速记校注的时候，所有不是受访人说的话，我都会用括号把它标出来，包括我做的校注、勘误的部分，也要加括号，因为这不是受访人说的话。

> 的《水云楼词》，他一读，哎呀，他说这个词真好，写得。他还给我写了一把扇面，用《水云楼词上》的词句，我还记得后面三句：细竹方床蕉叶伴，薄罗衫子藕花熏。晚凉闲坐看秋云。（全文：浣溪沙　凤焙团成小盏分。一墀帘影静湘纹。柳梢蝉咽欲黄昏。细竹方床蕉叶伴，薄罗衫子藕花熏。晚凉闲坐看秋云。）现在这把扇子也找不着了，无从纪念了，老师留下来的东西啊，就这么一点点。

图 3　补全的内容作为注

冯其庸先生说初中毕业前，他在无锡的报纸上发表了两首词，他没有说这两首词的内容，我把这两首词找到，然后把它插入相应的地方，这也是信息的补全。

> 这是 1943 年上半年，在我初中毕业之前，1942 年，我已经在无锡的报纸上发表我的诗词、散文。有两首词（一："一叶又惊秋。无限新愁。那堪独自倚高楼。几叠雁声人已去，恨也悠悠。　往事在心头。珠泪难收。斜阳脉脉水空流。从此相思频入梦，梦也难留。"二："时节又中秋。无限离愁。夜来独自怕登楼。一簟凉蟾清似水，思也悠悠。且莫忆从头。锦字慵收。几时重与话风流。寄语征鸿为转意，冰雪同留。"）是发表在无锡的报纸上的，当时呢，我都有剪报一直保留着。文化大革命的时候啊，我第一个挨批斗嘛，我怕他，红卫兵找到这个报纸，又会给我加罪名。因为那个时候还是抗日战争时期，敌伪占领的时期，他可以给你上纲上线，你在日本人统治的时候你就发表诗词了，其实这个诗词都是跟这个没有关系。我害怕这个，我把这个报纸的名字和我自己的名字剪掉了，这个文字呢留着，我夹在一个旧书里头。

图 4　查找相关资料备用

冯其庸先生还提到，他另外还写了一篇文章，是在 1947 年的时候写的。我后来查到，他说的这篇文章应该是叫《澄江八日记》，这一篇也是发表在报纸上的。我把他的文章名字放在文稿里备用，我不确定以后到底要不要用，但是只要是他提到的信息，我能找到的，我就先把它放到这个地方备用，这也是信息补全。

冯其庸先生提到他们去西北的时候，经过一个地方叫龙城；又提到《水经注》里有对龙城的记载。在访谈的时候，他是用他自己的语言来描述的，后来我查到《水经注》中关于记载龙城的文字，就把它放在文稿里备用。

速记校注稿中需要注意一些习惯规范。比如度量衡要用汉字表述，如"千分之一的云母粉"，而不是"1‰的云母粉"。

我们在拿到速记稿做校注的时候，要检查是不是有错误和遗漏的内容，并把需要补访的点记下来，及时安排补访。补访完了以后再做速记，速记完了以后再做校注。如此一轮下来，如果都没有问题了，一份速记的校注稿就算是做完了。速记校注稿完成之后，由学术专员或者采访人、项目负责人、受访人三方审核内容。

做完的这份速记校注稿是我们接下来要做字幕稿和口述文字稿的基础。如果速记校注稿做得好，字幕稿和口述文字稿就会省许多力。

| 名称 | 修改日期 | 类型 | 大小 |
|---|---|---|---|
| 经过校对的速记 | 2016/8/26 14:43 | 文件夹 | |
| 口述速记 | 2015/10/5 14:00 | 文件夹 | |
| 录音文件 | 2015/10/5 14:00 | 文件夹 | |
| 字幕（ing） | 2016/1/27 11:26 | 文件夹 | |
| 字幕（完成） | 2016/8/22 16:20 | 文件夹 | |
| 2012-08-08 | 2015/6/20 11:54 | Microsoft Word ... | 90 KB |
| 2012-08-14 | 2015/7/1 13:32 | Microsoft Word ... | 95 KB |
| 2012-08-16 | 2015/6/20 12:29 | Microsoft Word ... | 128 KB |
| 2012-08-21 | 2015/7/2 14:59 | Microsoft Word ... | 119 KB |
| 2012-08-23 | 2015/7/1 16:22 | Microsoft Word ... | 107 KB |
| 2012-08-30 | 2015/7/1 16:24 | Microsoft Word ... | 64 KB |
| 2012-09-04 | 2015/7/1 16:26 | Microsoft Word ... | 93 KB |
| 2012-09-18 | 2015/7/1 16:28 | Microsoft Word ... | 91 KB |
| 2012-09-20 | 2015/5/19 14:34 | Microsoft Word ... | 103 KB |
| 2012-10-09 | 2015/5/19 14:51 | Microsoft Word ... | 106 KB |

图 5　文件夹和文件命名

完成的速记校注稿放在一个文件夹里面，以访谈的时间命名，这样查的时候就方便。只要记住哪天访了什么内容，想查这部分内容的时候只要查这一天的文件就可以了。

速记校注稿第一页应该是一份比较完整的访谈信息，包括访谈的时间、参

| 访谈时间 | 工作小组成员 | 拍摄影像时长，录音时长（小时） | 速记字数 | 提到的人物 | 主要访谈内容 |
|---|---|---|---|---|---|
| 2012-08-08 | 田苗 宋本蓉 杨天硕 赵亮 孙骁 | 时长：1:17:58 音频： MVI_3656, 05:35 MVI_3657, 12:20 MVI_3658, 12:27 MVI_3659, 12:24 MVI_3660, 12:24 MVI_3661, 12:25 MVI_3662, 08:57 MVI_3663, 01:27 | 1.5万字 | 母亲（顾氏），父亲（祖燮），祖母，大哥宗燮，二哥宗勋，四个舅舅 外祖父家的长工阿相 大伯父的小女儿小学校长刘诗棠 小学校长俞月秋 初中语文老师丁约斋 初中语文老师汪荫秋 | 从出生讲起，按照阴历算。1924年2月3日。 童年艰难困苦的生活，会所有的农活，年幼挑重担导致颈椎两块骨头合成一块。 上小学，初中，遇见难忘的老师。 日本占领无锡，连续失去亲人，姐姐素琴，祖母，大伯母，堂房姑妈梅秀，三舅舅。 |

图6 速记校注稿第一页的信息表

加访谈的人员的名字、访问的时长、音频文件名、速记字数，还有这一段访谈提到的人物、主要访谈内容等等。

接下来的工作是做字幕稿。在速记校注稿里，补全、勘误的内容都在括号内进行了标注。在做字幕的时候，先把速记校注稿备份。然后在新建的文件中，根据实际情况处理括号内的文字。首先保留勘误的文字；如果补全的信息文字较少的话，可全部保留，如果字数较多就要删减。之后去掉全文的所有标点符号，小括号要保留。最后，全文做成每一行不超过14个字的字幕稿格式，做完以后，由负责后期剪辑的人把字幕挂接到片子上。

除了字幕稿，我们还有一个很重要的文稿要做，那就是口述文字稿。口述文字稿是可以独立存在的，具有独立的传播价值。在一些人看来，观看一个人的口述片与阅读一个人的口述自传相比，可能阅读文字更方便自由。因此，口述文字稿可能更利于传播。

口述文字稿也是在速记校注稿的基础上完成的。首先要尊重受访人的意愿，删除受访人不愿公开的内容。比如我去采访徽州漆器髹饰技艺国家级传承人甘而可老师，当时访问了大约12个小时。在访谈的时候，甘老师的讲述是毫无保留的，他很愿意把自己的技艺秘密都说出来。但是当天的访谈结束后他跟我说，关于菠萝漆的漆层加金的那一部分，怎么样让金有厚度、有立体感，这一部分可写得模糊一点，不要写得那么细。那么这一部分我就把它做了一定的处理。我在访问冯其庸先生的时候，他有时说完一些事情，也会提出要求，告诉这一部分不要放在文字稿里。一般情况下，授权书里会约定哪一部分不公布，或者哪一部分多少年以后再公布，但这些涉及的是相对大一些的事情。另外一些更为具体的事，受访人在访谈时也会随时提出要求。在做文字稿的时

129

候，就要预先处理。

口述文字稿要简洁通顺，对受访人习惯使用的无实际意义的口头语可酌情删除，比如"这个""那个""高兴得不得了""因为""所以""然后"，等等，是可以删除的。对于括号里的文字，少于10个字且不妨碍阅读的，可以保留在文本中，字数比较多的就要放到脚注里。这是脚注的做法。因为这部分内容，冯其庸先生提到了"肃反"，如果不是那个时代的人，不清楚"肃反"到底是怎么回事，所以我做了一个简短的脚注。冯先生还提到了吴文治，我在脚注中对吴文治先生也做了一个简短的介绍（图7）。

> 吴文治原来是我无锡国专的同班同学，只同学了一年。他后来到东吴大学去了。为什么要到东吴大学去呢？他说东吴大学毕业以后，可以戴学士帽，无锡国专毕业以后没有学士帽，他为了争这个头衔就到东吴大学去了。他是江阴人，我是无锡人，那个时候我们关系也比较亲密，他到东吴大学去以后，我和他也没有任何矛盾。
>
> 吴文治先到华北大学。华北大学是人民大学的前身，后来
>
> ① 即"肃清暗藏的反革命分子的政治运动"，是中国共产党在建国后为了巩固新生政权，肃清反革命敌对分子，维护人民切身利益而发起的一场社会运动。
> ② 吴文治（1927-2009）江苏江阴人。1946年初进入无锡国专就读，次年转入东吴大学国文系学习，并于1949年毕业。1952年又以研究生学历毕业于中国人民大学。历任中国人民大学、江苏教育学院等校教授。见陆阳著《无锡国专》，凤凰出版社，2011年，448页。

图7　脚注的做法

这是徽州漆器髹饰技艺的甘而可老师的访谈内容（图8）。甘老师提到了屯溪当地出土过的漆器，这个信息当时是刊登在《考古学报》上的。我把这篇文章找到，查证确有相关的记载，因此把相关资料放在脚注。甘老师还引用了一句话，是引自徽州地方志《歙志》。我找到这句话后，查证他说的是不是原文，就在注释中做了说明。

> 时代万历年间的一本徽州地方志《歙志》，记载了徽州地方的漆器。上面说："髹器则余氏、汪氏俱精，有退光罩漆，胎锡雕红，泥金、螺钿诸种。②"这说明在明代万历年间徽州漆器种类有罩漆、剔红、泥金，还有螺钿漆器。明代高濂在《遵生八笺》中也说了："新安黄平沙造剔红，奇巧精雅，花果人物之妙，刀法圆滑清朗。"这个黄平沙就是黄成，是我们徽州人，他是明代隆庆年间的人，他当时制作的剔红很有名，一个盒子要卖三千文，他还写了一部书叫《髹饰录》。
>
> ① 安徽省文化局文物工作队：《安徽屯溪西周墓葬发掘报告》，《考古学报》1959年4期，59-90页。
> ② 明万历《歙志》卷九：技能，二十页。

图8　脚注的做法

访问冯其庸先生的时候，他提到了《红楼梦》"乌进孝送租"这件事情。冯老用他自己的语言讲述的这件事。我找到《红楼梦》里面的原话，做成脚注（图9）。

如：乌进孝送租。贾珍在大堂里面等着他，说，你老不死的，你到现在才送来，就这么点东西就算了？乌进孝说，老爷你不知道，今年北方大雪，我们走了几个月才走到，另外收成也很歉收，微薄，所以这些粮食东西都是只能是尽点意思了。他接着说，听说你们大小姐晋封了贵妃了，皇上把皇宫里的金银财宝都赏赐给你们了，都搬到你们家了，贾珍就说，你这个老不死的你哪里懂啊，我们如果再要省亲一次我们就完蛋了[①]。这句话大家看了，随意就看过去了，但是你仔细琢磨

_____

① 见《红楼梦》第五十三回"宁国府除夕祭宗祠 荣国府元宵开夜宴"：只见小厮手里拿着个禀帖并一篇帐目，回说："黑山村的乌庄头来了。"贾珍道："这个老砍头的今儿才来。"……乌进孝道："回爷的话，今年雪大，外头都是四五尺深的雪，前日忽然一暖一化，路上竟难走的很，耽搁了几日。虽走了一个月零两日，因日子有限了，怕爷心焦，可不赶着来了。"贾珍道："我说呢，怎么今儿才来。我才看那单子上，今年你这老货又来打擂台来了。"乌进孝忙进前了两步，回道："回爷说，今年成实在不好。……"乌进孝笑道："那府里如今虽添了事，有去有来，娘娘和万岁爷岂不赏的！"……贾蓉等忙笑道："你们山坳海沿子上的人，那里知道这道理。……再两年再一回省亲，只怕就精穷了。"曹雪芹著 无名氏续 中国艺术研究院红楼梦研究所校注《红楼梦》，北京：人民文学出版社，1997年，463—464页。

图9　脚注的做法

口述文字稿可以采用不同的形式。如果采访人提问的问题很重要，就做成对话形式；如果采访人的问题虽然也很重要，但采访人讲述得很顺畅，就用完整的叙述式。并且，口述文字稿要根据内容来调整顺序，把说同一件事情的文字都放到一起，整理编辑成一篇叙述完整、可读性强的文章。

做好口述文字稿以后，首先采访人（或学术专员）审稿，然后送给受访人。受访人审稿时往往会有一些修改，删减一些内容是很正常的事情。我们整理完的冯其庸先生的口述文字稿大约是50万字，冯先生删减了不少内容，甚至删除大段文字。有时也会增加内容，冯先生觉得有表述不完整的地方，就写给我们。一般情况下，我们要充分重视受访人的修改意见。经过几次审稿，受访人觉得没有问题了，双方就可以签字确认。

如果受访人是少数民族，口述文字稿要符合汉语的表达方式，顺畅，可

读。如果受访人不识字，不能审稿，可以把口述文字稿读给他听，或者让他审口述片，听完文字稿或者认可口述片，就可以签字确认。

**（刘芯会整理）**

廖永霞

# 国家级非物质文化遗产代表性传承人
# 抢救性记录成果整理与编目

廖永霞（1980—），女，副研究馆员，现任国家图书馆社会教育部（中国记忆项目中心）副主任。先后从事文献采编、联合编目、国家书目、阅读推广、社会培训等工作，积累了十余年的图书馆工作实践经验。2008—2013年在全国图书馆联合编目中心统筹联合编目新系统、中国国家书目门户的开发和建设工作，先后完成了全国公共图书馆实体资源联合馆藏目录的初期建设和中国国家书目2011和2012年的发布，并牵头了民国文献普查联合目录建设专项。2014年调入社会教育部，致力于中国记忆口述影像资源采编、阅读推广和社会教育工作，是科技部课题"以书为媒介的大众阅读互动平台研发与应用示范"的主要负责人之一，组织并领导的"M地铁·图书馆"项目入围2016年国际图联图书馆营销奖前十名。发表相关学术论文10余篇，参与出版专著6部。

今天非常高兴，能够跟大家分享国家图书馆中国记忆项目团队，通过近5年的探索性尝试，对非遗代表性传承人抢救性记录工作成果的保存、整理和发布的一些思考和设想。我刚才听到有学员发表对这几天课程安排的想法，说好像回到了高中时代，既有白天的课程，也有晚自习。其实课程安排这样满，代表了文化部非遗司对我们这次培训的期望。昨天和前天，多位非遗领域的专家学者来和大家分享各自的经验和体会，同时也给大家提出了一些关于如何做好抢救性记录的建议。希望我们一起把非遗代表性传承人抢救性记录工作真正脚踏实地地做起来，使之步入传承性保护的轨道。我想，这也是每一个非遗保护工作者共同的期许。

今天我跟大家分享中国记忆项目团队在建设初期的一些实践体会和非遗抢救性记录的工作思路，希望能对各地非遗保护中心的工作有所启发。

大家都知道，图书馆是一个资源的集散地。这些年，公共图书馆对馆藏资源的整理、开发都积累了丰富的数据处理经验。但对于非遗抢救性记录来说，这些经验已经远远不够。跟此前老师们讲的关于非遗保护的工作经验和方法相比，我今天讲的既没有做田野调查的风餐露宿，也没有做口述访谈的真实鲜活，更没有做影视拍摄这种面对活态的传承人和技艺的感悟，有的只是对记录工作的冷思考。对传承记录的汇总、归类、编目、加工，不仅仅是在保护之后的一个理性处理，也是为了让承载着传承人技艺和我们民族技艺的资料，能够服务于更广大的受众和研究学者。它是非遗保护工作中非常重要的一环，是功在当代、利在千秋的一项事业。

大家在非遗保护中从事不同的工作。我今天分享的内容，有一部分是大家参与过的，有一部分则需要大家回去对目前的工作成果和方法重新评估。尤其是工作设想和计划中的管理决策部分，需要大家再多多思考。

## 一、非遗保护十年回顾

首先，我们一起回溯一下非遗保护的历程，了解政府管理层和民间团体从什么时候开始有这样的初衷和政策的引导。据我了解，2005 年 3 月 26 日，国务院下发了《国务院办公厅关于加强我国非物质文化遗产保护工作的意见》（以下简称《意见》）。其中关于如何建立档案和数据库是这样表述的："要运用文字、录音、录像、数字化多媒体等各种方式，对非物质文化遗产进行真实、系统和全面的记录，建立档案和数据库。"《意见》下发以后，各地非遗保护中心广泛地开展了普查登记和田野调查工作，积累了丰富的第一手实体档案资料。

非遗保护成果的一个缩影是非遗数据库的建设。在今天这样一个万物互联、所有信息都可以通过互联网一步直达的时代，经过近十多年国家财政的大力投入，各地非遗保护中心在非遗保护工作中做了许多尝试，取得了一定的成果。但是，在非遗知识传播领域内，非遗数据库的用户访问量和面向公众的送达率以及研究者的利用率，还有待提高。

现在，"非物质文化遗产"这个大 IP① 已经深入人心。但接下来，非遗保护工作者如何把非物质文化遗产的精髓传达给公众？如何将非遗传承人精湛的技艺和他们对文化的理解，全面系统地记录下来、传播出去？如何寻找我们整个中华优秀传统文化的基因和民族记忆？我觉得这是每一个非遗保护工作者都会面对的难题。这也是为什么今天要在这里共同探讨非遗的抢救性记录、整理、编目和传播。

"十二五"期间，文化部先后安排专项资金对 138 名国家级传承人进行了抢救性记录。在 2013 年，特别支持了 50 位传承人的抢救性记录工作。在这个基础上，2015 年 4 月，文化部印发了《关于开展国家级非物质文化遗产代表性传承人抢救性记录工作的通知》，这个通知其实是对抢救性记录工作的一个初步部署。紧接着，文化部发布了《国家级非物质文化遗产代表性传承人抢救性记录工作规范（试行稿）》（以下简称《规范》），虽是试行稿，但也是基于"十二五"期间各地试验性抢救性记录的工作经验而制定的一个工作规范。2016 年，中国记忆项目中心受文化部非遗司委托，编制了《国家级非物质文化遗产代表性传承人抢救性记录操作指南》（以下简称《指南》）。《指南》的下发，标志着整个抢救性记录工程的全面启动。

---

① IP，英语 intellectual property 缩写，即知识产权。其形式多种多样，既可以是一个完整的故事，也可以是一个概念、一个形象甚至一句话，可用于多个领域。

在开展非遗保护工作的这十几年，各地是在分散且零散地开展非遗项目的抢救性记录。现在，这些文件的正式发布，标志着在全国非物质文化遗产保护领域，大家可以一盘棋，共同推动抢救性记录的保存、整理、编目、加工和最终服务。有了《规范》和《指南》的支持，我们更容易形成共同标准、共同理念，大家能够互通有无，这对整个非遗抢救性记录工作来说是非常有帮助的。

## 二、"非遗抢救性记录"中国记忆实践

中国记忆项目中心在起草《指南》的过程当中，做了一些设定和技术要求。这些设定和技术要求是中国记忆项目中心从 2011 年开始，经过近 5 年的实践后提炼出来的，也是中国记忆项目探索性地进行非遗抢救性记录尝试的一个成果。

在建设初期，中国记忆项目中心的工作定位是记录国家、地区、民族、行业、组织乃至个人的历史文化、思想智慧、实践经历与情感经验的信息载体，并加以挖掘、整理、提炼，进行知识重组。所以中国记忆项目是对所有不同信息载体的一个知识汇集，同时最终目标是要抢救和保护中华民族重要的历史记忆，在整理已有文献的基础上，对濒危的民族技艺和传统技艺传承者，进行全面、系统的口述史访谈抢救性记录，并收集相关手稿、照片、信件、实物等。中国记忆项目原本是以图书馆为本位，以收集、保存、服务为目标的，但这些年当我们走近非遗，进行非遗抢救性记录工作之后，我们的整体思路和编目加工方式一点点在发生转变。因为记录非物质文化遗产的方式手段与传统图书馆的资源采集、加工和编目截然不同，需要适应新的需求和发展。

在中国记忆项目实验网站①上，展示了中国记忆项目中心 5 年来陆续采集的部分项目，从"年画""大漆""丝绸"到"我们的文字"，以及 2015 年启动的"我们的英雄"相关非遗项目的采选工作。据不完全统计，截至目前中国记忆项目中心采集的非遗项目达到 53 项，接受口述记录的非遗传承人大概 95 位。在这里，我要特别感谢各地非遗保护中心这些年来对中国记忆项目团队的支持和帮助。在每一次与传承人联系的过程中，都得到了各地非遗保护中

① 中国记忆项目试验网站网址：http：//www.nlc.gov.cn/cmptest/.

心的大力支持。相应的，中国记忆项目中心在这些记录的基础上推出了专题数据库，既包括非遗影像库，也包括传承人口述史的资源库以及非遗保护成果的展览。每一个专题，既涵盖了国家图书馆从已有的专题数据库里挖掘出来的专题信息，也包含了新采集的信息。对这些资源库和专题数据库的初期梳理，是中国记忆项目团队对抢救性记录进行的一个初步探索性的整理编目加工工作。

## 三、抢救性记录整理编目的必要性

国家图书馆进行非遗抢救性记录，是希望把每一个非遗项目，每一个领域的完整知识体系和历史脉络，集中地呈现给公众和研究学者。

那么，为什么要做抢救性记录的整理编目呢？

不知道大家是不是跟我有类似的体会：当我们的工作团队热情洋溢、精神饱满、非常辛苦地采集回来大量精彩的传承人影像记录和口述访谈记录以后，如果突然被询问，目前已经完成了多少项、多少人的抢救性记录，要是不去查阅原始记录，第一时间未必能回答出来。这些年，中国记忆项目中心一共采集了近100个项目，但当我们需要了解目前工作进展和各种信息的时候，都没有办法在最短的时间内回答上来。这可能是每一个工作团队，尤其是管理团队都会遇到的问题。因为我们缺乏一个一站式的可检索、可查询的信息源平台，这个平台能够让我们便捷地了解已经完成、正在进行和计划完成的工作情况。

在移动互联网如此发达的今天，所有的手机、IPAD（平板电脑）和其他移动终端以及所开发的应用程序，都可以作为抢救性记录的存取终端，不必通过集中大规模的知识信息存取就能够实现信息的无障碍传输。所以从便捷性的角度考虑，我们有条件且需要对已经完成、正在建设和计划建设的抢救性记录进行一个实时的整理编目。另一方面，从服务对象的角度，整理编目的最终成果，不仅是服务非遗工作者自己，更重要的是希望能够服务于传承人、研究学者和公众。大家可能会疑惑，传承人为什么需要？其实对传承人来说，也希望自己的技艺能够在有限的生命当中，被无限地传播出去。传承人也需要知道自己所在领域和所从事的这一非遗项目，目前在全国的分布状况，了解其他传承人的技艺特点，看到这项非遗技艺的传播流程。同时，无论是人类学还是民俗学的研究学者也会需要这些一手资料，因为单靠他们的研究团队或者个人去做田野调查，很难完整地获取这么多资料。而我们的编目工作与分享平台，也会方便研究学者在第一时间查询、检阅、获取研究资源。

我觉得，抢救性记录最终的指向地就是公众。为什么要做抢救性记录和保护？就是为了传承。而这种传承最终送达的是谁？就是我们的大众。非物质文化遗产来源于民间，只有当它回到人们身边的时候，才能够把"抢救性"三个字去掉。这就需要在做抢救性记录过程当中，将积累的这些资源让公众及时看到、感知到。尤其是拍摄的传承教学片，要让对这些非遗项目发自心底有兴趣的公众第一时间学习到。一个完整的抢救性记录，如果没能及时推送到需要它的人身边，那拍摄的这些珍贵技艺，就可能永远沉寂了。所以从服务对象的角度，也能理解为什么要做非遗抢救性记录的整理编目。

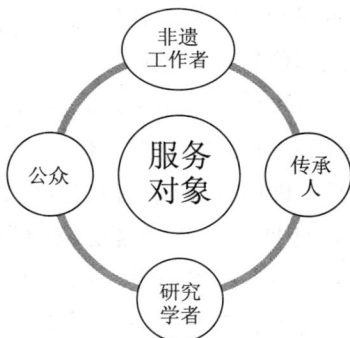

图1　非遗影像记录服务对象

在满怀热情地去面对传承人做抢救性记录之后，需要静下心来认真思考的问题就是把所抢救的记录最大化、最开放化地推向需要它的人，而这一点正是非遗抢救性保护接下来前进的一个重要方向。

## 四、非物质文化遗产信息源解析

无论是收集的有关非遗项目的实体地方文献，或者录音、录像、音频、视频，还是拍摄的影像、照片，在探索这些资源如何整理编目的时候，中国记忆项目团队思考的是这些资源和传统文献资源有什么不一样，什么是非物质文化遗产？联合国教科文组织在2003年颁布的《保护非物质文化遗产公约》里边提到的非物质文化遗产，是指被各社区、群体，有时是个人，视为其文化遗产组成部分的各种社会实践、观念表述、表现形式、知识、技能以及相关的工具、实物、手工艺品和文化场所①。而我国在 2011 年颁布的《中华人民共和国非物质文化遗产法》里所称的非物质文化遗产，是指各族人民世代相传并视为其文化遗产组成部分的各种传统文化表现形式，以及与传统文化表现形式相关的实物和场所②。

从这样的表述可以看到，它不是传统意义上的实体的物，也不是传统意义上图书馆去收集的一本书，或者是一种期刊。在计算机技术、网络技术、存储技术蓬勃发展的今天，在非物质文化遗产的采集记录过程中需要特别关注口头信息源和实物信息源的采集。非物质文化遗产的整个信息源可以分为口头信息源、实物信息源③。单从存在的形式来说，口头信息源和实物信息源很难作为文献进行利用，我们需要思考和挖掘这两种信息源的呈现特征，正是这些特征决定了抢救性记录最终采取影像记录的工作方式。

首先来看口头信息源。口头信息源是指以人脑为信息载体的人和人之间的对话、交流、谈论、演讲等等。口头信息源在信息交流方面具备三个优点：即时性、新颖性、强化感知性。即时性应该是很直观的，当人和人面对面交谈的时候，获取信息的速度是最便捷的，这时候交流中的问题可以立即询问、澄清，必要时也可以互相补充，避免理解错误。第二就是新颖性。在采访双方进行的交谈中，有些内容是平时不宜公开的内部信息。这就决定了采集的信息有些可能正好是非遗传承记录当中的关键点。第三是强化感知性。口头交流的时候，大家有手势、表情，有整个现场的气氛，有这些语言表达不出来的言外之意，所以能够捕捉到一些通过文本、文献所看不到的信息。

由于口头信息源有这样几个优点，所以采取影像的形式做传承人的口述采访、记录和保存，会对整个非遗抢救性记录产生质的影响。不过这三个优势同

---

① 联合国教育、科学及文化组织大会第 32 届会议于 2003 年 10 月 17 日通过了《保护非物质文化遗产公约》。我国于 2004 年 8 月 28 日第十届全国人民代表大会常务委员会第十一次会议上决定批准该公约在我国除香港地区外适用。

② 《中华人民共和国非物质文化遗产法》由中华人民共和国第十一届全国人民代表大会常务委员会第十九次会议于 2011 年 2 月 25 日通过，自 2011 年 6 月 1 日起施行。

③ 随着人类文明的不断发展，各种新型的信息载体相继出现，使得人们能用更深入、更全面的方式去记载信息。与之相伴的是，越来越多包括图像、音频、视频等在内的新型文献的大量产生和广泛传播，并逐步成为当今社会人们获取信息的重要渠道。北京大学刘兹恒教授在《信息媒体及其采集》(第二版) 一书中将常用的信息源分为三类：口头信息源、实物信息源和文献信息源，其中口头和实物信息源都需要转换为文献信息源才能得到有效的保存、传播和利用。

时也反映出口头信息源的两个弱势，就是主观随意性和瞬时性。关于主观随意性，大家是有实践经验的。在跟传承人交流沟通的过程当中能发现，人们在口头表达的时候，特别容易按照自己的喜好去对信息进行取舍、加工，因而表述出来的内容有可能曲解某些客观事物。这种时候，就需要将这些有可能失真的相关记录与已经掌握的文献信息进行比对和印证，这也是做抢救性记录过程中，对口述采访这部分所应采取的一个后期校正办法。不管是主观随意性还是瞬时性，在做口述采访时，其最终的文献价值，一定与口头采访的时间推移密切相关。这也是为什么在整个抢救性记录的后期，要把时间因素作为一个重要的记录元素。因为同一个口述采访人，不同时间、地点对他进行采访，最终呈现出来的采访记录也会有差异。这样的差异决定了在做后期成果整理的时候，一定要进行相关的比对参照。

实物信息源，它既包括自然实物信息源，也包括人造实物信息源。自然实物信息源有高山大川等，这一部分不是非遗抢救性记录中重点采集的内容，只是作为不管是民俗现象还是民俗活动的背景存在。但关于人造实物信息源，正因为是人类加工而获得，是有目的的加工创造出来的物品。在非遗领域中，对这种物品的应用需要经过解析才能够实现。比如年画的制作或者大漆髹饰的工艺流程等，实物信息源的真实性和直观性，是在采集时作为第一手完整、可靠的信息保留的，是最重要的一个特征。

一个实物信息，如果眼睛可以直接看到，耳朵能直接听到，这种真实性、直观性直接决定了在获取它的整个记录流程中，要完整地再现它的现存样态。所以用影像拍摄，而且经常需要用多机位拍摄手法，去完整记录传承人的表演及其整个工艺流程。

当然，它的两个弱点也很显著，那就是隐蔽性和零散性。所谓隐蔽性，是指在采集的时候，有些现场的物品和现场的应用，当时可能不知道它是用来做什么的，但仍要完整地记录它们。因为对于隐蔽的信息资源，需要后期研究学者及这个领域的专家，去不断发现实物信息在非物质文化遗产项目的传承当中的意义和价值。隐蔽性决定了在进行非遗抢救性记录的时候，不能忽视每个细节，这样最终记录成果所呈现的效果也许不是在当时显现，但可能会在某一天被某一位研究使用者发现到，进而产生意外的成果。

另外一个弱点就是零散性。很多项目不在一个地区，而且不同的地域都有相应的该项目传承人和项目实践。这种零散性需要的是跨区域的合作。跨区域的民族技艺和工艺流程，更多地显现了我们中华民族发展到今天的历史迁徙和文化融合的脉络。零散性正好体现了非遗的多元化和民族交融的特征。

## 五、抢救性记录的五个特点

在非物质文化遗产传承人抢救性记录工作中，一个关键点就是记录工作是围绕传承人展开的。每一项记录无论是口述访谈，还是项目拍摄，或者传承教学，唯一不可缺少的就是传承人。因此，抢救性记录呈现出五个特点。

图 2　抢救性记录资源建设的特点

第一点，可建设性。它是指抢救性记录不受客观实体出版影响，只要有采访的设备，有可交谈的传承人，就可以去做相应的抢救性记录。

第二点，动态性。动态性是由技艺本身的时效性决定的。为什么要"抢救性记录"，就是因为很多传承人上了年纪后，可能没法回忆起曾经的学徒经历和掌握的技艺。动态性决定了非遗抢救性记录工作采用影像的记录方式，在第一时间尽可能地让传承人回忆和还原他的人生历程，以了解传承人及其作为个体参与到非物质文化遗产传承保护工作中的经验和体会，摸清整个项目的文化传承。

第三点，再生性。当非遗抢救性记录在互联网上及公开场合进行发布的时候，有相似经历或经验的人们可能会因传承人的某一句话或某一个制作工艺流程回忆起和自己相似的经历。这就是再生性，它对非遗抢救性记录特别重要。尤其在后期整理加工过程中，一定要对资源的可关联性做相关的记录和保存。传承人的记忆可以勾连起跟他有着类似经历和经验的人的记忆，是一个衍生资源。再生性是做非遗抢救性记录工作中需要特别注意的一点。

第四点，重复性。目前，许多民间和学术团体都在如火如荼地开展非遗抢救性记录工作，大家在一些项目选择和传承人采访过程当中难免会重复建设。关于重复建设，可以分两面看：一方面，在项目和受访人员的选择上的确会重复建设；另一方面，重复性也是由非物质文化遗产口头信息源和实物信息源的特点决定的。当我们在不同的采访时间、不同的采访地点、采取不同的手段去进行工作时，所获得的资源实际上是互相补充、互为交叉的。

当不同的团队对同样的项目去进行采集，只要把记录的时间、拍摄地点、拍摄者记录完整，对于后期在系统内进行编目整理加工也同样有裨益。尤其是当有些信息需要相互佐证和确认的时候，不同采访团队获取的资源对最终的呈现都有价值。

最后一点，价值潜在性。价值潜在性在于抢救下来的资源，虽然只是记录了过程，记录了传承人的思想，但是这些资源最终将如何服务于非遗的传承，是需要获取到这些资源信息的个体，一些潜在的合作对象（如未来可能进行非遗开发工作的团队），以及对整个非物质文化遗产项目有兴趣的公众，由他们去挖掘这些资源信息潜在的价值。这也是为什么在完成非遗抢救性记录的编目加工后，要推向公众且提供服务。虽然不希望非物质文化遗产传承和保护的工作过于商业化，但是也不希望非物质文化遗产死在民间。当非物质文化遗产资源的价值能够面向公众，进行最大化推广的时候，它未来的走向是由利用它的个人及公众决定的。所以，在做非遗抢救性记录整理编目加工的时候，尽可能地减少主观性，客观、公正、完整地去呈现当时抢救下来的信息。当非遗抢救性记录成果向公众推送后，其潜在价值是一个特别大的增长点。

## 六、抢救性记录如何整理编目

我们按照文献梳理流程的需要去掌握整理编目对象有哪些载体、类型、文献。《指南》分为四个部分，即文本、图片、音频、视频。这里边既包括传统资源的收集，即通过网络检索、数据库检索或很多不同渠道征集或大家捐赠来的资源，也包括新建设的资源。新建设的资源中，既有传承人照片，还有整个工艺流程的照片。在视频拍摄领域总结了四类片子：口述片、项目实践片、传承教学片和综述片。

这四类片子在各地开展非遗抢救性记录的时候，是可以有所侧重的，这与项目本身特点紧密相关。有的项目特别需要通过传承人的讲述，用一个完整的口述方式去呈现；有的项目则通过一个完整的项目实践记录就足以体现它的丰富程度。传承教学方面，有的项目传承人善于讲授他的整个工艺流程和教学体验，有的传承人则不擅长。所以，在三个文献片（口述片、项目实践片、传承教学片）的选择性采集和记录过程中，各地非遗保护中心可以根据项目特点进行筛选，希望能够兼顾所有。每个项目里有不同的传承人、不同的实践者、不同的教学者，整个项目抢救性记录应是一个完整的呈现。综述片的重点是宣传推广，每个项目都有完整的展示。在抢救性记录后期整理加工过程当中，综述片是作为宣传专题片的形式存在的，不作为文献进行保存和利用。

　　按照图书馆的传统经验，文本、图片、音频、视频这四种载体类型有不同的著录和标引方式。它们各自特点不同，后期的技术参数也不同。这里列举了中国记忆项目记录整理的业务流程，它脱胎于图书馆的文献整理流程。每完成一个新资源，首先是对专题的文献梳理，形成一个包含图书馆已有文献资源在内的文献目录。

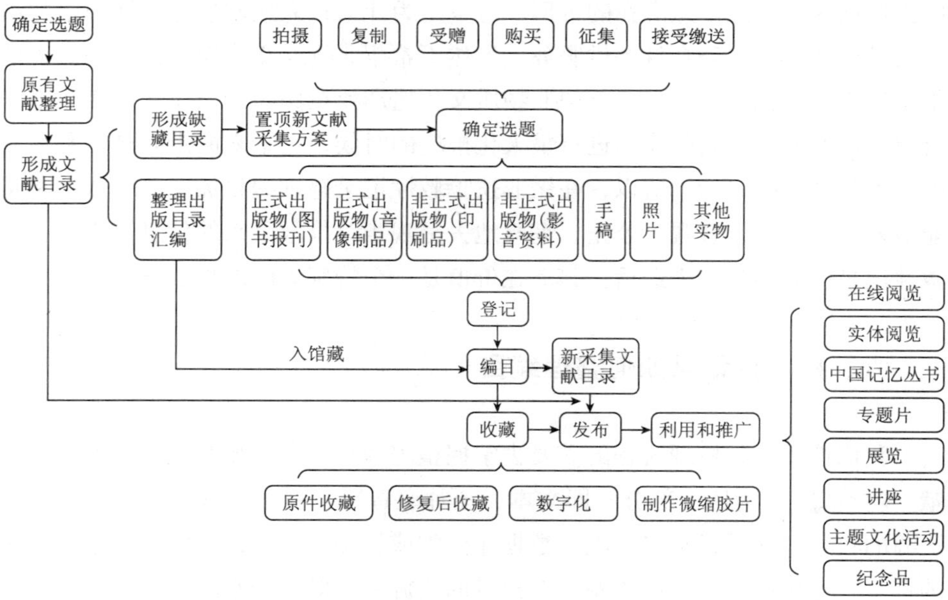

图3　中国记忆非遗项目记录整理业务流程

　　另外一个目录，就是缺藏文献目录。所谓缺藏，就是目前的文献还不足以完整揭示一个非遗项目，依托这个目录制定新文献的采集方案。对于图书馆，新文献的采集，除了去拍摄、去做田野调查之外，我们更多地可以通过受赠、购买、征集和接受缴送的方式去采集。在图书馆的分类体系中，分为非正式出版物、正式出版物，然后手稿、照片、其他实物等等。这种多载体的资源集合是可以完整地呈现一个非物质文化遗产的样态。征集不区分文献类型，对每一个非遗抢救性记录都加以保存，对不同来源的新采集文献都统一登记。登记后进入编目流程，将资源纳入馆藏了。

入馆藏后，无论是做后期数字化保护和发布，还是直接作为原件收藏，最终目标是和已有馆藏一起，形成面向公众发布和服务的一个完整的文献目录。中国记忆项目初期在国家图书馆的馆藏定位是作为一个专题资源库存在的。每一个新采集文献在作为专题库的资源同时又归属于图书馆的完整馆藏，统一汇集到图书馆的文献存藏体系中。后期的整理加工，其实是对专题库的梳理。专题库既跨文献类型、载体类型、语种，也跨不同的采集源，它更像是一个知识集合，不依托实体存在。

各地非遗保护中心在做地方文献库、地方非遗库的时候，可以考虑借鉴这种模式。合作方可以是图书馆、文化馆、博物馆。当合作共建地方非遗库的时候，实体资源是有其实体存在的。地方非遗保护中心的重点工作是做整个专题知识库的汇集，实施它的最终揭示和服务。

现在给大家列举的是对不同文献类型应遵循的相应标准规范，结合国家图书馆文献收藏体系和国家数字图书馆标准规范体系等现行标准规范，分为三个层面：一个是内容创建层面，一个是描述和组织层面，还有一个发布服务层面，在这次讲义里暂时不列上，因为我们重点讲的是编目整理加工。

初期构建资源数据的时候需要借鉴内容创建层的标准。如果采集的资源本身是实体类的，就需要对这些文本、图像和音视频进行数据加工，使其最终能够在数据库中完整揭示。每一份收集来的资源会分配唯一标识符。这是数字资源的唯一标识符，在整个流程体系和后期知识整序中一直存在，目的是为了在检索存取资源的时候，能够将资源第一时间送达目标受众。

描述和组织层面围绕的核心是元数据规范。为什么元数据规范那么重要？大家可能有所体会，每一条单个记录最终呈现给公众进行检索的时候，用户输入的关键词和检索点，就是元数据之间的一个关联关系。而这部分关联关系最终决定的是资源能否最大化地、最完整地呈现给服务目标用户。描述和组织层面，除了元数据规范，其重点在于知识组织规范。知识组织规范在非物质文化

资源

对象数据规范
- 汉字处理规范 —— 古籍用字处理等规范
- 数据加工规范 —— 文本、图像、音频、视频数据加工规范
- 对象标识规范 —— 数字资源唯一标识符规范

（内容创建）

元数据规范
- 核心元数据规范 —— 核心元数据标准
- 专门元数据规范 —— 古籍、电子图书、音视频资源、网络资源等元数据规范
- 管理元数据规范 —— 管理元数据标准
- 保存元数据规范 —— 长期保存元数据规范
- 其他相关规范 —— 元数据编码、元数据映射等规范

（描述与组织）

知识组织规范 —— 本体、关联数据等规范

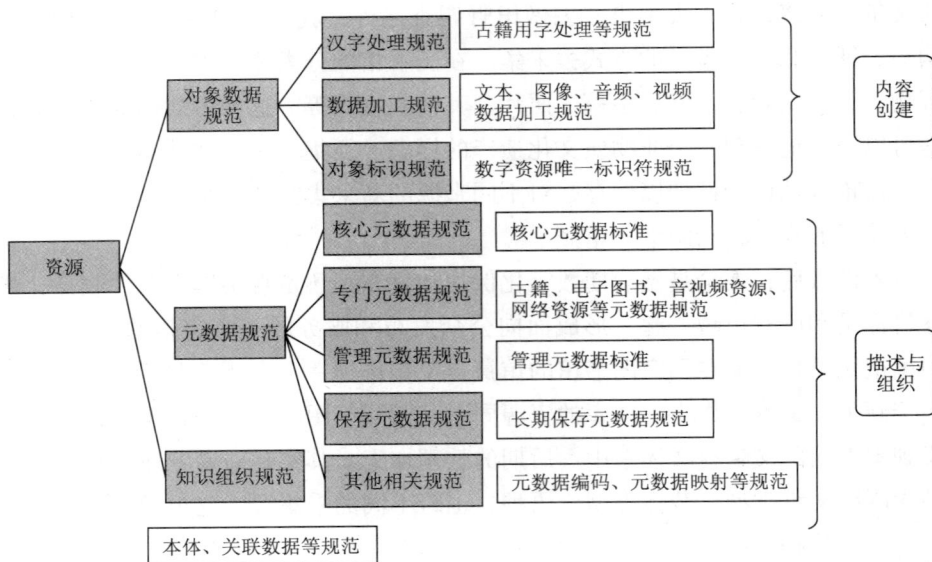

图4　抢救性记录标准规范与数字资源建设规范的比较

遗产领域是一个特别好的揭示方式。因为它能够把非物质文化遗产的某一个项目，某一个领域，甚至十大类的某一类别的相关整体概念、元素和关系描述得最清楚。当建立起一个知识组织规范后，就能够最完整地呈现非遗领域的样态，包括它的历史发展和现状。目前中国记忆项目中心暂时只应用到了对象数据规范和元数据规范，知识组织规范还在探索。

传统描述方式的缺陷是所有的信息点之间缺乏关联，题名、作者、拍摄时间、整个拍摄时长等都是独立地进行相应描述。这种描述方式不足以支撑对非物质文化遗产抢救性记录的完整揭示，所以中国记忆项目中心调研了一些国内外相关口述和数字影像记录中心及其实践。在这里分享两个机构，第一个是Stories Matter，即加拿大康考迪亚大学口述与数字叙事中心①。它的编目软件可以下载，这一款数据库分四个层级对影像叙事进行编辑整理，即项目层、受访者层、片段层和场景层。打开它的界面就可以看到，左侧是标签云，中间上方表格是每一段口述采访（实际是把一个采访剪切成三段）。右侧是受访人的生平简介。下方是对这三段采访的概要性论述。最下方的第二行，它添加的标

---

① 加拿大康考迪亚大学口述与数字叙事中心 Concordia University，Centre for Oral History and Digital Storytelling.

签，能够第一时间把核心关键词与所采集来的视频结合上。所以这个应用软件，从层级、层面和关键词揭示方面，对我们非遗工作人员记录口述采访是一个非常方便的使用工具。有了前台数据库的积累，后期在使用和做用户发布及互联网发布的时候，就能很方便地获取到元数据信息。操作界面也很便捷，不像其他的一些数据库软件，需要一些程序语言才能够使用。

另外一个参照范例是我国广播电视行业的数据库标准。它是基于国际 DC 元数据标准，并经过反复研究和多次标引后确定的。它主要用于电视资料的编目，分成四个层级，从上到下：节目层、片段层、场景层和镜头层。这 15 个元数据项是从每一个层级中间筛选的，节目层是完整的，片段层舍弃的是日期项，场景层的 5 个元素主要是题名、主题、描述、格式和关联。其中描述包括了内容描述、发生的时间和现场的同期声。这些具体的元数据足够揭示类似的项目实践片内容。镜头层最终目的是希望采集来的信息能够被不同使用者再次利用，所以镜头层的 6 个元素里包括了题名、主题、描述、日期、格式和关联。其中特别提出了关联的概念，当析出再被利用时，需要知道它和什么样的信息是相关的。镜头层的描述里包括的信息也比场景层增加了，除了内容描述外，还有拍摄地点、拍摄方式、景别、拍摄角度、现场同期声。所以通过这 6 个元素的揭示，镜头层再被利用的时候是很便捷的。采集的记录经过这样的后期描述，其他使用者会很方便地获取资源信息。并且与图书馆传统编目相比，数据量已经少很多了，对整个抢救性记录的后期编目整理加工是有借鉴意义的。各地在建设地方数据库或进行数据加工整理的系统设计时，可以借鉴这个分层级揭示体系。

现在，回归到中国记忆项目中心编制的这本《指南》。首先，最重要的一点是命名。采集来的大量资源在系统内进行存取的时候，我们经常会对它的命名抓耳挠腮。《指南》第一章的"整理编辑"一节中给大家做了一个示例。这个示例不是强制大家一定按此方式去建立文件夹，而是提供参考。强调文件夹命名和文件命名是为了让接收方和其他使用者，通过文件命名就能明白文件的主题，方便快捷地检索到所需要的文件。所以在同一领域或同一工作团队的成员，需要对文件夹和文件有一个清晰的认识。

关于文件夹命名，在示例里使用了传承人编号和项目编号、传承人姓名和项目名称。需要确定两点，首先要命名规范，尤其是文件夹的命名。建议尽可能地选择编号体系，尽可能使用数字和字母，以便后期程序开发商进行系统编

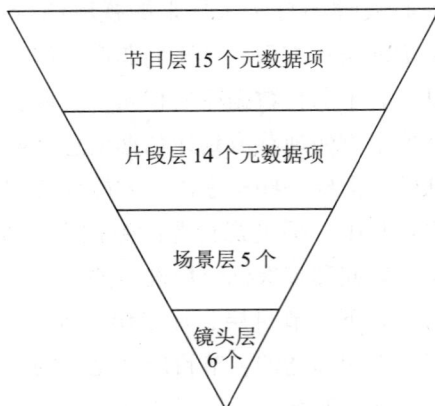

题名、主题、描述、创建者、其他责任者、出版者、版权、
语种、日期、类型、格式、标识符、时空覆盖范围、来源、关联

图5　我国音像资料编目规范

辑。各非遗保护中心在制订自己的非遗保护规范时，可以先借鉴第一章的文件夹命名示意图。然后根据本地非遗项目和传承人的特点进行相应划分。第二点，建议文件夹的层级不超过四级，超过四级之后，管理和回溯的流程就会很慢。

## 七、抢救性记录核心元数据和名称规范

我列出的核心元数据，有题名、传承人、项目所在地、内容描述、项目类别和文献类型。这是基于前期不同数据库的一个归总，从中可以看到资源最终呈现的样态。在时间因素里，项目本身的开始时间、持续时间和现在的记录时间，都展现了该非遗项目传承的整个发展过程。在这里也列举了几个名称规范和地名规范。在整个记录过程当中，传承人是核心元素，所以在名称规范里边可以把人物的相关附注和人物的相关参照详细记录。依托这样的信息，就可以把师徒关系以及传承人在不同民族、语言、组织机构间的关联关系体现出来。一旦名称规范和每一条抢救性记录挂接，后期检索就可以勾连出相关的元数据信息。

地名规范体现了非遗传承的地方延续脉络。以歙县为例，在地名规范里，标注上属于黄山市，相关参照直接链接了地名规范的黄山市，前面S131079是

> - 系统号 000033486
> - **名称标目（柯）居素甫：玛玛依（1918~2014.6）**
> - 名称标目 ju su fu ma ma yi
> - 标目附注研究员，新疆文联名誉主席、新疆阿合奇人。演唱出版有《玛纳孜斯》《艾尔托氏吐克》《库尔曼别克》《巴额西》《托勒托依》等十余部柯尔克族民间史诗及哈萨克史诗《七个可汗》等。
> - 单纯参照（别外，笔名）
> - 相关参照（亲人，师徒）
> - 更新标志 N

图 6　抢救性记录名称规范示例

黄山市的编码。这样的地名规范，一旦和地理信息系统结合，就能可视化呈现非遗传承的地域谱图。

> - 系统号　　000077796
> - 地理名称　歙县
> - 地理名称　she xian
> - 一般附注　属于黄山市
> - 单纯参照　She County
> - 相关参数　S131079黄山市
> - 相关参数　S096218中国
> - 中图号　　K921 K927

图 7　抢救性记录地名规范示例

关于可视化呈现，下面这幅视频截图展示了 2014 年在"科学"[①] 网站上发表的一个研究成果，科研团队通过提取超过 120,000 位著名艺术家的出生和死亡记录，来揭示人类流动模式和文化吸引力等动态信息，绘制出两千多年的文化史图。

以前我们分散地去采集和记录相关资源并发布在互联网上的时候，这些资源彼此之间是相互割裂的，如同信息孤岛。这种信息孤岛很难让整个非物质文化遗产领域的保护成果、抢救成果，能够一站式地送达公众和研究学者。而整个非物质文化遗产抢救性记录的编目整理加工的发展所依托的，是关联数据和

---

① Maximilian Schich，Chaoming Song，Yong-Yeol Ahn，et al. A network framework of cultural history ［J/OL］. Science，01 Aug 2014：Vol. 345，Issue 6196：558－562 网址：http：//science. sciencemag. org/ content/345/6196/558.

数字人文的广泛应用。只有当这两者结合起来，才能最大化地呈现整个中国传统文化的发展谱系和源流。希望通过这样的揭示方式，最终实现一站式跨库检索，实现不同抢救性记录间的关联揭示，实现由孤立的数据库向广泛的非遗知识本体构建的转化，并且绘制出非遗动态的传承图谱。这些看似孤立的抢救性记录只是一个数据，但是数据的魅力是需要我们通过开放互联的方式更大化地去发掘和揭示的。

关于非物质文化遗产的资源整合方案，我借鉴了陕西师范大学的一个社科基金项目成果，我觉得总结得很到位。基于现有工作体系，我们构建的这几个库各有侧重点：非遗普查库、地方非遗库、专项研究库、知识传播库和政务数据库。首先，非遗普查库是以项目调查为中心，整合的是田野调查的初期一手资料。地方非遗库侧重的是展示，是借助最新的技术手段，以宣传地方非遗为宗旨，对普查库的内容进行数据化的加工。专项研究库则更多地侧重非遗项目研究，一方面搜集整理古籍文献，另一方面对已有的研究资料和抢救来的记录进行动态揭示。知识传播库是以宣传互动为中心。其实，公众既是服务对象也是贡献者。如果非遗中心将拍摄的传承教学片在知识传播库里以类似公开课的模式进行分享，公众提交上传他们对某一个传承人、某一次讲授的真实感受和反馈，那这样的知识传播库，对非遗抢救性记录的传承来说是非常有价值的。最后一个政务数据库，这个以申报工作为核心，提供的是可查询的检索申报咨询平台。我们需要揭示的是一个知识集合，希望将来能够通过互联网的传播与互通机制，去实现全库的一站式检索和服务。

非遗抢救性记录任重而道远，唯有脚踏实地方能稳步前行。为什么要抢救？是因为它濒临消亡，是因为很多传承人没法师带徒，没法继续走下去。抢救性记录，一方面是记住我们的民族记忆，但更重要的是传承。当有一天非遗抢救性记录能够去掉"抢救性"三个字的时候，我们的工作才是真正走上了非物质文化遗产传承性保护的道路。

（耿晓迪整理）